YOU ALREADY KNOW HOW TO BE

GREAT

潜力量

GROW

教练模型帮你激发潜能

[英] 艾伦·范恩　[美] 丽贝卡·梅里尔　著
（Alan Fine）　（Rebecca R. Merrill）

王明伟 译

机械工业出版社
China Machine Press

图书在版编目（CIP）数据

潜力量: GROW 教练模型帮你激发潜能 /（英）范恩（Fine, A.），（美）梅里尔（Merrill, R. R.）著；王明伟译 . —北京：机械工业出版社，2015.7（2025.7 重印）

书名原文：You Already Know How to Be Great：A Simple Way to Remove Interference and Unlock Your Greatest Potential

ISBN 978-7-111-51019-2

I. 潜⋯　II. ① 范⋯　② 梅⋯　③ 王⋯　III. 企业管理—通俗读物　IV. F270-49

中国版本图书馆 CIP 数据核字（2015）第 175915 号

北京市版权局著作权合同登记　图字：01-2015-3081 号。

潜力量：GROW 教练模型帮你激发潜能

出版发行：机械工业出版社（北京市西城区百万庄大街 22 号　邮政编码：100037）

责任编辑：董凤凤　　　　　　　　　　　　责任校对：殷　虹

印　　刷：河北宝昌佳彩印刷有限公司　　　版　　次：2025 年 7 月第 1 版第 24 次印刷

开　　本：170mm×242mm　1/16　　　　　印　　张：14.75

书　　号：ISBN 978-7-111-51019-2　　　　定　　价：59.00 元

客服电话：（010）88361066　68326294

推荐序

一直以来，我在授课过程中很看重一种力量——"视角转换"的力量，即通过用一种全新的视角来看待事物，从而改变人们思维和行为的力量。

在本书中，艾伦·范恩（Alan Fine）提出了一种重要的"视角转换"。他认为，很多时候，人们在表现方面大幅度的进步并不是通过获取新知识带来的，而是通过消除那些阻碍自己运用自身原有知识与能力的干扰带来的。这个观点给了我们很大的启发。根据这个观点，我们不但可以更好地调整提升自身表现的方法，而且可以更好地调整帮助他人提升表现的方法。

我喜欢本书的五大原因

我一直对研究领导力和人生哲学有着很大的热情，而本书在这些方面激起了我很多共鸣，所以我特别喜欢这本书。

第一，本书激发了人们内心深处的两种渴望。一是全力以赴成就最好的自己的渴望；二是影响他人发生改变的渴望。这些渴望成为我写《高效能人士的第八个习惯》（The 8ᵗʰ Habit）的动力。在那本书中，我提到："找到自己的声音，同时激励其他人找到他们自己的声音。"让我欣喜的是，艾伦在本书中分享了一套方法和流程，可以帮助读者在人生的各个方面提升自己的表现，同时帮助他人取得成功，从而实现内心的渴望。

　　第二，本书的方法基于扎实的研究，有很强的生命力，并非只是一时流行。
例如，艾伦指出：只有在"执行者"，而非教练（或高管、经理、老师和父母），
主动承担起解决问题的责任时，他们自己才会有高水平的表现。这使得执行者
能够释放自己的天赋和创造力，提升解决问题的能力。

　　第三，本书的方法具有很强的可操作性。本书给执行者和教练提供了一套
简单、有效的方法，即通过运用 GROW 模型的四个阶段来使表现有所突破。

　　第四，本书的方法能帮助大家持续提升自己的表现。不像其他很多方法虽
然能够让人在当时有好的表现，但会造成人们对建议和指导的依赖。真正卓越
的高管、经理、教练和父母能够帮助人们提高自身的核心能力，随着核心能力
的提高，人们不仅能在当时提升自己的表现，也能在未来灵活应对各种不同的
变化。这也是本书的初衷。

　　第五，本书的方法有很强的适用性，可以被运用在工作和生活的各个方面。
本书提供的方法流程不但可以应用在个人层面，即帮助个人在人生的各个方面
提升表现，也能应用在组织层面，即帮助组织或团队来解决问题，提升组织或
团队的表现。

　　在阅读本书的过程中，我有惊喜不断的感觉。首先，本书在"关于人们表
现的本质"和"如何影响人们提升自身或他人的表现"这两个方面，提出了非
常有洞察力的见解，这让我很受启发。其次，艾伦创建并发展了一套简单、实
用的方法工具，可以在教练过程中帮助大家更好地了解、分析和提升表现。这
也让我兴奋不已。最后，艾伦用行动带来了对很多人有积极影响的结果，这也
让我钦佩。很多人都有影响他人改变世界的好想法，但艾伦是一位能够把想法
变成简单可行的行动，并真正带来突破性结果的人。

　　对我而言，无论是在个人层面或组织层面，这都是一本真正能提升你领导
力的书。本书给读者指明了发展的方向，提供了实用的方法，从而能帮助大家
提升在人生各个方面的表现，使大家能够在个人生活和组织方面发挥更大的领
导力。因此，我认为这是一本真正具有标志性意义的好书，能够帮助你和其他
人成就更加卓越的自己！

史蒂芬·柯维（Stephen Covey）

译者序

  我是在很偶然的情况下知道艾伦·范恩（Alan Fine）这位传奇的高管教练的。2014 年春天，我去给一家美资企业上课，休息期间，我和他们的培训负责人聊天，因为都是做培训的，所以聊得很投机。培训负责人跟我说，前段时间她上了一个很有意思的教练课程，授课者是一个很酷的老头，这个老头以前是网球教练，培养出了英国国家级的选手，后来成为高尔夫球教练，而且在不会打高尔夫球的情况下培养出了世界级的高尔夫球选手。然后，他进入商业领域，成为了一名高管教练，美国世界 500 强的很多高管都是他的学生。最让她震撼的是，老头所传递的教练理念深深打动了他们公司参加培训的高管（包括亚太区总裁），让大家对教练有了新的认识。这个很酷的老头就是艾伦·范恩，他把自己关于教练的理念写成了这本亚马逊上的畅销书。给这家美资企业上完课之后，我就买了这本书的英文版，前前后后读了很多遍。没想到，最后机缘巧合，我有幸成为了本书的译者。

  虽然读了很多遍，但是在翻译的过程中，我还是被艾伦的很多观点所打动，这里也跟大家分享一下，帮助大家更好地理解这本书。

  1. 人们表现（performance）提升的关键不在于增加知识，而在于消除干扰。

  这个观点打破了我们脑中的常识，一般来说，我们都会认为想要提升自己的表现，增加知识很关键，工作当中表现不好，多去学习，多看几本书，好像就能提升表现了。可是很多时候，你会发现即使看了很多书，知道了很多知识，自己的表现和能力还是没有多大的提升。这是为什么呢？因为太多的知识，不但不会帮助你，反而会让你不知道该用哪些来促进行动，这样一来知识变成了干扰，阻碍了表现的提升。对于这一点，作为培训师的我，最有体会。以前人们一直认为培训师就是要给学员灌输大量的知识，这样学员才会有收获。但是，这种观点实际上对学员造成了更多的负面影响。因为一旦培训师把精力放在讲授大量知识上，就会带来很大的问题，一方面导致核心观点被大量的知识所淹没，学员无法抓住重点；另一方面学员应该用来练习的时间被大量灌输知识所占用，这样的培训往往给学员徒增了很多干扰，而没有起到帮助学员提升表现的效果。

对于管理者，很多时候我们总是把员工绩效不佳的原因归结为他掌握的知识不够，需要利用培训来给他增加知识，从而提升绩效表现，但往往员工在参加了很多培训之后，绩效还是没有很大起色。这个观点给管理者的启发是让大家从另一个角度来看待员工的绩效问题，即员工的绩效表现不好，很有可能是由于干扰太多所引起的。这一点很容易理解，我们可以走进推行绩效管理的企业，看看员工的 KPI 指标里含有多少项考核内容，就可以知道干扰有多少了。

2. 消除干扰的关键在于专注。

现在，和我一起回想，你表现出色，发挥自如时是什么感觉？我现在依然清楚地记得，多年前我做销售总监时，在全国代理商大会上给台下近 500 位代理商老总做培训时的感觉：台下静静的，所有人好像都放慢了呼吸，我能感觉到自己的专注，因为我的身体、表情和声音都随着培训的内容自然地流动着，两个多小时过得特别快，我自己被台下的热烈掌声所"叫醒"。那次培训我发挥得非常好，以至于两年后还有不少代理商的老总对那次培训念念不忘。所以，我对于"消除干扰的关键在于专注"这一点，有亲身的感受。我相信你也会有这种经历，专注于你正在做的事情，自如地发挥，不知不觉当中表现已经有了很大的提升。通过本书，我们会知道这种专注，会让你进入一种"心流"状态，在这种状态中人们的表现往往会得到很大的提升。

所以，作为个人，要想提升自己的表现，应该为自己消除干扰，创造专注；作为管理者，想要提升员工的绩效表现，也要为员工消除干扰，创造能够让他们专注的环境。

3. 利用 GROW 模型创造专注。

众所周知，GROW 模型已经成为了教练领域应用最广泛、知名度最高的模型，而艾伦正是 GROW 模型的三位开发者之一。GROW 模型由四个步骤组成，每个步骤的英文单词首字母组成了 GROW 这个词。

目标（Goal）：我们想做的事

现状（Reality）：我们所面对的状况（或我们认为的状况）

方案（Options）：我们如何从现状到目标

行动（Way Forward）：我们想采取的行动

艾伦对于 GROW 模型有着非常深入的研究，他的观点是："无论什么时候，我们做决策最终都会经历这四个阶段。通常，我们不会按照这个顺序来思考每个方面，而是在这四个方面毫无规则地跳来跳去，这样就带来了干扰，让人们无法专注。但是，如果按照一定的顺序和方法来专注在这四个阶段上，我们就可以大大减少干扰，增加我们决策的速度和精准度，从而提升表现。"我非常认同这一观点，而且我自己一直在运用 GROW 模型帮助身边的朋友解决问题。艾伦在书中不但对 GROW 模型进行了深入的讲解，而且列举了很多非常好的案例帮助大家更好地理解和运用 GROW 模型——不管是在个人教练方面，还是在团队教练方面。

不管在工作中还是在生活中，如何提升自己的表现，都是每个人关心的问题。因此，艾伦在本书中不但提供了帮助大家提升表现的教练方法，而且通过非常详细的实际案例帮助大家掌握如何运用这些方法。关于本书更多的内容，我就不做更多的剧透了，留给大家自己细细品味。翻译本书的最大动力来自于我本人是这本书的受益者，所以我希望通过努力把这本好书带给更多的中国读者。

在本书中文版面世的过程中，特别感谢 eBay 公司的学习与组织发展负责人

（Head of Learning & OD）赵晴女士把这本书介绍给我，感谢机械工业出版社编辑对本书的认可以及为本书出版所付出的巨大心血。

最后，预祝大家在生命中不断 GROW！

王明伟

2015 年 3 月

前 言

> 如果我们真正投入去做自己力所能及的
> 事，我们会为自己的表现感到吃惊。

美国发明家和企业家 托马斯 A. 爱迪生（Thomas A. Edison）

以下的情景你熟悉吗？

✔ 你知道如果能坚持规律地运动，你一定会感觉很棒而且精力充沛。因此，你买了各种各样的运动装备，尝试了各种运动计划。但是每次你都坚持不过三周。你也曾扪心自问："我到底是怎么啦？是我意志不够坚定，还是我没有运动细胞？"

✔ 你知道作为经理，你需要培养自己部门的员工。因此，你一直定期和员工会谈，指导他们，尽力帮助他们成长。但是很多时候，员工好像没把你的帮助当回事儿，甚至有时会回绝你。你需要和某个员工谈谈他的责任心问题，但是他却拒绝和你沟通。你在想："我到底该怎样培养这些员工？什么样的方式才能真正起到作用？"

✔ 你一直尽力把女儿培养成为一个独立自主的人，但却没办法让她打扫自己的房间。你已经尝试了各种方法，比如给零花钱、鼓励、惩罚，甚至对她大声命令等，但是好像都没什么效果。你在想："到底要做什么才能让她愿意打扫自己的房间？"

✔ 你正站在高尔夫球场上的第一洞前，今天你和几个客户一起打球，你很想给客户留下个好印象。你也知道该怎样挥杆才能打出好球，但是你发挥不稳定。因此，你很担心："如果我把球打到树丛里或没打到球，客户会怎么看我？"

✔ 你们公司最近的业绩表现没有达到你的预期。你尝试了各种办法，虽然有些改善，但离你设定的目标还差很远，而且员工好像对工作没有全力以赴。你把大部分的时间花在了处理内部问题上，结果错失了很多外部机会。你一直在想："我怎么才能让整个公司的业绩更好？我用什么方法才能让每个人都齐心协力、全力以赴？"

这些情景都是大家经常见到的，而且这些情景都有一个重要的共同点：它们都和提升表现有关，不管是提升自己的还是别人的。几乎每个人都希望在人生的各个方面有很好的表现。我们都希望公司业绩斐然，团队齐心协力，销售指标超额完成，孩子优秀，自己在高尔夫球场上发挥出色，精力充沛等。但是，让我们倍感无奈的是，即使我们知道这些结果对我们很重要，我们却没有合适的方法、工具帮助自己实现期望。

针对大家所面对的这些问题，本书会提供这些能够提升表现的工具，即提供一套方法来帮助你取得突破性的表现，如在工作中、球场上、家庭中以及任何你需要出色表现的方面。本书会教给你如何提升自己的或你想帮助的人的表现。本书是建立在以下前提之上的。

- ✔ 每个人都有提升表现的潜力。
- ✔ 干扰因素阻碍了潜力的发挥。
- ✔ 干扰因素可以通过集中注意力来消除。
- ✔ 集中注意力的能力可以通过简单且系统性的方法来提升。

自我介绍

我叫艾伦·范恩，最初在威尔士（Wales）做网球教练。在努力成为一名优秀教练的过程中，我误打误撞地找到了提升人们表现的方法。利用这种方法，我成功地指导了全球各大公司的经理人、高管和CEO，同时也成功地为世界级的高尔夫球选手做教练，如大卫·费尔提（David Feherty）、科林·蒙哥马利（Colin Montgomerie）、菲尔·普莱斯（Phil Price）和斯蒂芬·阿莫斯（Stephen Ames）。

我成立了 InsideOut 发展公司（InsideOut Development）。我们主要服务企业的高管和经理人，这也是我过去 25 年来一直在做的事，而且我也很高兴看到众多学员很快就把这些方法运用到了人生的很多方面，包括子女教育、体育、兴趣爱好和表演艺术等方面。已经有很多成果可以说明，这项"终身"必备的方法可以大大降低提升工作表现（或非工作）的难度。

我经过多年的不断实践发现：

✔ 当我们没有理解提升表现的本质时，很容易只看到带来出色表现的某些要素，然后就据此来诊断表现不佳的原因，并提供解决方案。而我们找到的方法常常会因为没有抓住本质，从而不能让我们保持长期的表现提升。

✔ 在现在快节奏的全球经济背景下，如果我们找不到一种方法来持续做出快速且准确的决定并执行到位，我们就会被淘汰。

本书会帮你更好地理解人们表现的本质，并做出快速且准确的决定。本书会给你提供一种简单有效的方法、一套可量化并可重复使用的流程来帮助你在工作和生活的各个方面持续提升表现。

我邀请你

为了响应多年来大家希望把"由内到外"的表现提升方法诉诸成书的要求，我写了这本书。本书体现了我一直以来的努力：让这些方法更加简单、易操作地应用于日常的工作和生活中。

我邀请你尝试本书的观点并运用那些对你有帮助的技巧。你会发现，本书并不是关于如何获取新知识的，而是关于如何消除阻碍你运用已有知识的干扰因素的。本书不是让你尝试新的东西，而是帮你理解和运用你已经具有的长处。因此，你能够持续地把事情做好并取得更好的结果。

我特别鼓励你以你认为最好的方式来运用本书提到的方法。如果你想了解支持本书的依据和研究，你可以看看我们文中的专栏内容。如果你想深入理解本书内容，你可以思考每个章节结束部分的"问题与思考"。如果你想跳过研究依据和让你深入思考的问题，读正文就可以了。我强烈推荐你关注每一个案例，因为这些案例是本书鲜活的研究依据。这些案例来源于那些在组织和个人生活中运用本书技巧的人。因为我们的方法是以普遍性的基本原理为基础的，所以即使你不是经理人、领导人、老师或父母，你仍然会发现这些案例所分享的思想可以运用于其他很多方面，而且，说不定什么时候你也会成为其中的一种角色。

我还想邀请你来本书的网上社区[⊖]看看。在网上社区，你可以找到更多的案例、练习和工具，这些都可以帮你更好地运用本书每个章节的技巧。在网上社区，你能从别人的经历中有所收获，同时分享你的经历，让别人也能有所收获。我在每个章节结束的部分都加上了一条网站链接以便你能找到这些额外的资源。

我很高兴能和你分享这些技巧和工具。我并没有所有问题的答案，而且我不建议你把本书所讲的内容作为解决所有问题的万能药。但是做了这么多年的教练工作，我相信：如果理解了人们表现的本质因素，并利用一种简单的方法、流程来影响这些要素，就可以帮你在很多方面都有高水平的表现。我坚信：不管是你还是你所帮助的人，在内心深处都有梦想希望实现，只是有些东西阻碍了梦想的实现，我特别希望本书能帮你消除阻碍，释放自己，从而让梦想变为现实。

艾伦·范恩

⊖ 网址为：www.alan-fine.com。

目　录

第一部分　规范与原则

为什么获得更多知识并不是成为
一名优秀的经理、高管、员工和父母
的关键方法？

01

如何利用"知识、信念、热情
和专注"来创造高水平表现？如何
释放自己的"知识、信念、热情和
专注"？

02

如何让没有意愿的执行者参与到教练对话中，进而改善表现？ **06**

第6章
参与型教练对话 ∥99

如何利用"由内到外"的方法来帮助团队和组织来改善绩效？ **07**

第7章
"由内到外"方法在团队和组织里的应用 ∥135

第三部分 实践

规范与原则

第 1 章
顿　悟

　　每当我回想过去，一切仿佛都是灰色的——天空、人行道、沿着人行道的墙、那座屋顶呈尖塔状像城堡一样的建筑，甚至包括墙外那一排排连绵不绝的两室两厅的房子。从远处看，人们根本不知道这个灰蒙蒙的地方——麦金塔网球俱乐部（Mackintosh Tennis Club）会培养出威尔士最优秀的网球选手；也无从得知我自己将在这里体会到人生中最重要的顿悟，更不知道这里将为我打开一扇门，让我帮助世界各地的经理人、高管、销售人员、运动员、老师、音乐家以及父母，取得突破性的表现。

　　我是在一个很偶然的早晨，开始走上网球这条路的。这还要从我 11 岁那年哥哥帮我报名参加学校网球赛的事情说起。当时我有严重的哮喘，而且是个瘦小、害羞的孩子。比赛前，我只打过 3 次网球，但是不知道怎么的，居然一路进入了决赛。决赛对手是当时学校的精英人物，一位 13 岁但身高却达到一米八几的橄榄球队队长。直到今天，我还清楚地记得，当我发现自己以 6：4、4：0 的比分领先时，我站在球场上的具体位置。我记得当时脑海里有个声音对我说："好的，你已经拿下了 10 局。

只要再赢 2 局，你就是全校冠军了。这能有多难？"这个念头一出现就给了我很大的压力，让我无法轻松发挥，结果我后两局接连失利，输掉了决赛。这位学校的精英人物在第 3 盘以 6：0 打败了我。赛后，我完全能感受到，我的体育老师坐在球场另一头第 2 排观众席上有多么失望。我能感受到场边看比赛的其他孩子们的窃窃私语："哇，他是怎么了？"当时我只能对自己说："坚持住，不能哭！"

虽然我对这次失败感到痛心，但是从那一天起，我决心努力学好网球以雪前耻。因为那是我人生第一次找到一件可以得到同学和大人们认可的事情。

接下来的几年里，一个当地的体育官员负责教我。他带我去上网球教练的培训课程，在那里，我成了实习教练们的"小白鼠"。也正是在那里，我学到了很多关于教练的东西。高中毕业后，我进入大学在眼科视光学专业学习了两年。与此同时，我开始运用从实习教练那里学到的东西来兼职教人打网球。不幸的是（或者说幸运的是），我因为花了太多时间在教人打网球上而被勒令退学。当时我决定参加网球教练培训课程，取得"专业教练认证"资格。在当时这是全英国最高级别的网球教练证书。

我成为专业教练 8 年之后，在一个灰蒙蒙的早晨，我的人生完全改变了。当时我正在网球场上教一个学生打球。这个学生是一个害羞、娇小的 9 岁小女孩。她母亲和我都认为她的协调性不太好。但她的母亲觉得：如果我可以让小女孩有些进步，她就可以参加团体课程了，这有助于她和其他孩子交朋友。我给她的指令很简单："用手挥动你的球拍""当球下落时击球""打球的背面"。尽管如此，她最好的成绩也只是连续 5 次把球成功打过网。

当看到她很努力但是成效不大时，我很沮丧，于是决定尝试用不同的方法来教她。当时为了当好教练，我开始拓展自己研究的领域，学习了神经语言程序学（NLP）、精神综合疗法、禅宗以及运动心理学等。其中蒂摩西·加尔韦（Timothy Gallwey）在《身心合一的奇迹力量》（*Inner Game of Tennis*）中提到的方法引起了我的注意。这种方法的基本原理是：我们每个人都有一个

"自我一号"（Self 1），这是一种理性型、批判型的自我，"自我一号"总是自我批评："你握拍的方式不对""你应该用不同的方法来击球""笨蛋，你移动得太慢了"；另外还有一个"自我二号"（Self 2），这是一种本真的、好奇的自我。"自我二号"是通过体验来学习的，并且在没用"自我一号"的干扰之下表现最好。当我们能让"自我一号"停止批评，同时让"自我二号"自由发挥时，我们的表现就会进步。

因此，我对小女孩说："不要太在意这六周我教给你的技巧。只要在球触底反弹时，你说'弹'，然后当球碰到你的球拍时，你说'打'。就这么简单。只要专心做这两件事就行，其他的不用担心。"她第一次尝试这么做之后，就连续 53 次击球成功，这让她很激动。她母亲也很吃惊，所以在她探着身体看女儿打球时差点从椅子上摔下来。对我而言，则是有喜有悲，因为我身为教练的基本观念被挑战了。难道说我给学生们的详细技术指导不但没有帮助他们，反而还妨碍了他们发挥？

突然间，我顿悟了，原来我一直忽略了一个显而易见的道理。这个小女孩之所以表现不佳，不是因为她不知道怎么做，而是因为她在打球时受到了太多干扰。不幸的是，干扰的最主要来源就是我。

当天这个小女孩在球场上的表现进步了超过 10 倍（从只能连续 5 次击球成功到连续 53 次击球成功）。因此，我称她为"10 倍女孩"。你可以想象一下：如果你有这样突破性的进步，哪怕只有一倍的进步，会对你的团队、组织或人生的各个方面产生什么样的影响？

由外到内

那天我在球场上悟到的方法其实不难，由"由内向外"（inside-out）理念、专注原则和 GROW 模型组成。这套方法可以帮助人们在工作和生活各个方面的表现都能有显著的提升。之后的 25 年，我一直不断完善并传授这套方法。

在那一天之前，我一直和大多数人一样相信提升表现的最好方法就是"增加知识"。如果你想变得更好，你要去读书、上课或者找专家。一定有一些知识是你不知道的，如果你能找到掌握这些知识的方法，你的表现就会有大幅的提升。反映这种理念的公式是：

$$表现（performance）＝能力（capacity）＋知识（knowledge）$$

$$或$$

$$P = C + K$$

这是一种"由外向内"的说教指令式的方法。这种方法假设人们缺乏某些方面的知识，而这些知识需要从外部获取才能帮助人们提高。显然，这是最常见的提升组织绩效和个人表现的方法。

这反映了一个现实：员工、主管和高管们倾向于把表现问题看作缺乏知识方面的问题。因此，他们会从增加知识方面来寻找解决方法。

当然，有的时候问题的确是由于缺乏知识导致的。因而，$P = C + K$ 的规律会起作用。但是很多情况下，问题并不是这样的。如果知识真的能带来更好的表现，那么我们所有人只需要读读书、上上课就可以赢得高尔夫球或网球比赛的冠军了，或者成为卓越的管理者、老师、父母或表演者了。但是显然情况并不是这样的。为什么？因为阻碍表现提升的往往不是不知道怎么做，而是做不到我们知道的！换句话说，问题不在于知识的"获取"，而在于知识的"运用"。

"知道"和"做到"的差距

在《管理者的误区》（*The Knowing-Doing Gap*）一书中，斯坦福大学教授杰弗瑞·菲佛（Jeffery Pfeffer）和罗伯特·萨顿（Robert Sutton）指出，每年都有成千上万的书出版，而这些书的核心内容和分析结果往往和一年前甚至十年前出版的书中讲过的东西雷同。他们说："这些书有一定的市场，因为它们倡导的观点是被大家广泛认可的，而且是有效的，但是没有多少人会按书里的方法去做。"他们还指出，每年数十亿美元的钱被花在培训和咨询上，但是绝大多数的信息知识都是重复的，而且始终没有被运用在实践中。

他们的结论是什么？"任何人都可以去读一本书或参加培训课程。但是把知识转化为……的关键在于行动。"

我们在生活中用很简单的方法就能验证这一点。举个例子，当我们表现不错时——做了一场成功的演讲、打了一场高水平的高尔夫球或者成功地弹奏了一首自己喜爱的钢琴曲。我们常说这种体验让人兴奋，让人感到很有乐趣并且水到渠成，非常流畅。我们甚至没有有意去想它，而且感到好像不费吹灰之力。我们的内心是平静的，肌肉是放松的。但是当我们表现不佳时，会发生什么呢？我们的肌肉是紧绷的，我们会在心里自言自语："哦，糟了！我哪里出错了？出了什么问题？"因此，我们努力去分析自己做错了什么，然后根据分析的结果来纠正错误。结果，我们的肌肉更加紧绷了，心里的自言自语也更加频繁了。不难想象，往往我们的表现会变得更加糟糕了！换句话说，我们知道当我们表现不错时，我们不用费力，也不用多想所做的事情。但是当我们表现不佳时，却极力分析问题所在，而且花更多的精力来试图改善自己的表现。显然，我们正在做着和自己表现不错时相反的事情！为什么会这样？

让我们一起来看另一个例子。像打高尔夫球这样的比赛，你认为心理方面与技术方面相比能起到多大的作用？当我询问专业选手和业余选手时，答案通常都是心理方面的影响至少占80%，剩下20%是技术和体能方面的影响。但是当我问他们：花了多少时间来提升他们心理方面的技巧时，我不得不告诉大家：不超过5%的时间。因此，人们只花不到5%的时间和精力在他们认为对自己表现产生80%影响的方面！你还指望能有什么提升！

　　再比如，如果你在一家公司做经理，你知道自己需要对表现不佳的员工进行绩效评估。如果员工不能认识到自己的问题，就无法提高，而且这样下去会对他和他未来的职业发展产生不利的影响，同时也会影响团队和公司。但是你经常会一拖再拖，任其发展。你不去做工作中最有意义和对所有人都最有价值的事情。为什么？

> 我们生活中的问题不是在于不知道怎么做，而是在于不去做。
>
> 　　　　　　　作家、管理顾问及社会学家　彼得·德鲁克（Peter Drucker）

　　我们中的大多数人已经知道做什么能够大幅度提升工作表现。我们已经知道该做什么才能提升生活品质，比如运动、理财或合理饮食。我们也知道，如果因为孩子为了游戏机而哭闹，我们就买给他，之后他会因为要买最新的游戏而继续哭闹，我们会因此而更加后悔。但是，我们不去做需要做的事情来提升我们的工作表现；我们不运动、不理财或合理饮食；我们因为孩子哭闹而给他买了任天堂游戏机。

　　为什么我们表现得如此自相矛盾？因为知识本身并不能带来更好的表现，它是重要的要素，但不是唯一的要素。多数情况下，获取更多的知识并不能带来改变。相比于获取更多知识，缩小我们"知道"和"做到"之间的差距对提升表现有着更大的影响。

> 　　执行是当今商业界一直没有解决的难题。执行不到位是成功的最大障碍，也是人们失望的主要原因。但是人们往往把失望错误地归结为其他原因。
>
> 　　　　　　　商业顾问、作家和演说家　拉姆·查兰（Ram Charan）

由内到外

　　关于提升表现的另一种理念是"由内到外"，这种理念在我帮助小女孩10

倍提升她打球的表现时被淋漓尽致地展现出来。这种理念不是增加新的知识，而是侧重于消除干扰因素，因为这些干扰因素阻碍了我们尝试或运用已有的知识。这种理念的公式是：

$$表现（performance）= 能力（capacity）- 干扰（interference）$$

$$或$$

$$P = C - I$$

我承认：那天在网球场上，我出于好意想帮小女孩增加知识，却成了妨碍小女孩发挥的最大干扰因素。我口头的指令（如"用手挥动你的球拍""当球下落时击球""打球的背面"）的确把小女孩的注意力从她正在体验的过程中给分散了。她一直忙于尽力去听清我告诉她应该做什么，以至于根本没有精力去关注正在发生的事情。

> 体验是学习一切事物最有效率的老师。
>
> **公元前一世纪罗马学者、自然学家和军队指挥官 老普林尼（Pliny The Elder）**

我们会在公司里看到同样的现象，尤其是当管理者沉醉于政策、流程和他们自己的做事方式时，就对结果失去了关注。他们开始进行"细节管理"，把员工的注意力从学习和创造上转移到背诵规定和迎合领导等方面。这是多么大的损失！

一旦消除了"10倍女孩"所意识到的干扰因素，她就能自如地把注意力放在打球过程中的关键点，即球的落点上，并且能直接从自己的体验中学习。绝大多数的表现提升都是通过这种学习方式实现的，即不受干扰因素的妨碍，专注地体验当下的经历。不管是在工作中、课堂上、家里还是在网球场上都是一样的道理。

在教练没有给口头指令的情况下，如果对方在练习或表演过程中不断回忆过去的指令也会产生干扰。这就像你在努力用对讲机同时发送和接受信息一样。这是行不通的。

让我们来做个试验

把你的手举在某个人的面前，让他把注意力集中在你的手掌上。然后，请他想想他昨天和谁在一起，并告诉你对方当时穿了什么样的衣服（颜色、款式等）。很有可能当他努力回忆时，会眨眼睛或眼球快速转动。努力回忆昨天的情况会让他无法把注意力集中到当下。同样的事情也会发生在网球场（或其他运动场）上，尤其是当球员努力去回忆他收到的各种指令时。如果这时网球正以100英里每小时的速度打过来，努力回忆刚刚的指令会让球员的注意力很难集中到正在发生的事情上，当然也就是一场灾难了。你不能同时把注意力放在过去和当下。

还有另一种可以帮你理解的比喻：想象你现在正开车行驶在下坡路上，你一脚踩着油门，一脚踩着刹车。如果你想开得更快，你肯定要多踩油门（这是"由外向内"或"增加知识（+K）"的方法）。但是只要你另一只脚还踩着刹车，车速就不会有大幅的增加，而且你很快就会把油耗光。相反地，如果你把脚从刹车上挪开（这就是"由内到外"或"减少干扰（–I）"的方法），你就能马上提速，即使你没有踩油门。

力场分析

在20世纪早期，社会心理学的开创者科特·勒温，提出了"力场分析"模型。这个模型说明，个人的表现水平不仅受到想要提升表现的动力影响，也受到压制表现的阻力的影响。

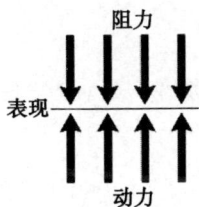

> 很多阻力都来自于干扰。因此，减少或消除干扰可以大幅提升人们的表现。
>
>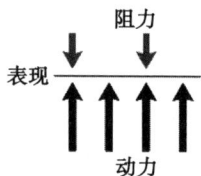

很显然，提升表现不只是增加知识能解决的。在更多情况下，问题的关键在于如何消除阻碍我们利用已有知识时的干扰因素。

180 度大转变

那天我训练"10 倍女孩"的经历让我的教学方法发生了 180 度的转变，而且最终我用这种新的方法在工作和生活的各个方面培训学员。特别要说的是，这让我意识到：我们一直在不断强化对自己以及别人的看法，正是这些看法限制了我们的表现，但是就像"10 倍女孩"一样，我们每个人都拥有发挥更好表现的潜力。例如：

在工作中，当我们看到：

✔ 逃避责任或不投入工作的员工（我们会认为：他不愿意担起责任，工作不用心）。

✔ 一意孤行的上司（我们会认为：他很专横，根本不关心团队成员的想法）。

✔ 拒绝改变的同事（我们会认为：他顽固不化，也可能害怕改变）。

在家里，当我们看到：

✔ 正值青春期不愿意干家务的子女（我们会认为：他很懒，而且不关心这个家）。

✔ 不做功课的孩子（我们会认为：他不觉得在学校表现好很重要）。

✔ 不愿跟你沟通家庭支出问题的配偶（我们会认为：他觉得自己要买的东西比你要买的东西更重要）。

在课堂上，当我们看到：

✔ 没有理解老师所讲内容的学生（我们会认为：他不聪明，怎么学也不懂）。
✔ 一个难以因材施教的老师（我们会认为：他又笨又懒，只想按他舒服的方式来教学生）。
✔ 一个和其他同学关系疏远的学生（我们会认为：他性格孤僻）。

在运动或演出中，当我们看到：

✔ 一个总说自己只会打右旋球的高尔夫球选手（我们会认为：他态度消极，总是排名垫底）。
✔ 一个只会弹"音符"的音乐家（我们会认为：他有理论知识，但没什么演奏天赋）。
✔ 一个跑了 20 英里⊖就腿脚不听使唤的马拉松选手（我们会认为：他就是没有足够的体力来完成比赛）。

在关键时刻，当我们看到：

✔ 有着精彩的演讲稿，但在观众面前演讲时却平淡无趣的高管（我们会认为：他没有魅力，肯定没有办法成为公司的 CEO）。
✔ 排练时表现很好，在舞台上却出现冷场的音乐家（我们会认为：他太怯场而无法成为顶尖高手）。
✔ 完成了所有功课，但考试没有通过的学生（我们会认为：他永远成不了尖子生。当事情到了紧要关头，他就会发挥失常）。

我们对自己和别人都会形成这样的看法。这些看法不但会限制我们的表现，而且会限制我们帮助自己或他人提升表现的方法。

⊖　1 英里＝ 1609.31 米。——译者注

三种表现落差

我教"10 倍女孩"的经历促使我深入地研究了关于表现的三种主要挑战或叫落差，这些挑战都是我作为教练帮忙他人时要花很大精力解决的。

第一种是"意识"的落差。虽然有的学员能按照我告知的要领准确挥拍，但是其他的学员好像没有按照我的要求来，总是用不同的方式挥拍。换句话说，他们认为自己正在做的动作和他们实际做的动作之间是有落差的。我曾经想："这些学员一定有某种学习能力上的障碍。我教他们'正确'的挥拍方式，他们却不按我教的做。显然，这是他们的问题，不是我的问题。"

第二种是"压力"的落差。当观察我的那些已经在国家集训队训练的学员时，我很难把他们和专业选手区分开来。但是这些学员从来没有进入过任何赛事的半决赛。当压力来临时，他们的发挥就会受阻，不能保持训练时的水平，而且我对此也无能为力。显然，人们在训练时的发挥和在比赛压力下的发挥是有落差的。

第三种是"专业"的落差。像每一个认真的教练一样，我梦想自己能有机会给世界上一些最好的选手当教练。我曾经相信为了给别人做教练，你一定要比他更加专业，否则你能给他什么建议呢？但是我最好的纪录，也只是参加了县级的比赛（这大致和美国州级排名的选手差不多）。这意味着我不可能有机会去训练那些比县级水平更高的选手。

这些落差同样会出现在我们生活的很多方面，也包括在组织里。人们说的和自己做的不同。人们在训练时发挥很好，但是在压力之下却发挥失常。他们经常被要求去管理那些远比他们更专业的人。结果，人们的表现很少能有显著的提升。

我过去一直在以增加知识的传统方式来弥补落差，结果没什么成效。但是当我开始更多地尝试去消除干扰时，我注意到了学员身上的显著变化。突然间，我开始看到学员能正确地挥拍了，看到那些参加国家集训队的学生开始赢得比赛了。此外，通过一系列的推荐，我发现我开始训练专业选手了，包括两名英国戴维斯杯[⊖]选手，他们的水平远高于我，但是我确确实实在帮助他们！

这些落差开始一点点弥补了，我非常高兴。但是，所有这些经历完全动摇了我关于教练的基本观念。以前，我一直把自己定位在做一名拥有丰富知识的教练，通过分享这些知识来帮助学员提高水平，但是我很快开始认识到提供太多知识确实会造成干扰。我发现，帮助学员提升表现的最有效的方法就是消除那些阻碍他们学习和行动的干扰因素。

从网球场到全球各大公司

当我训练的戴维斯杯选手巴斯特·莫特拉姆（Buster Mottram）的世界排名在 6 个月内从 90 位上升到 19 位时，我开始接到一些刚刚从欧洲高尔夫球巡回赛起步的选手的邀请。他们认为我所用的方法可能对他们有所帮助。我的第一个反应是"哦，不了，谢谢！"我从没打过高尔夫球（事实上，我甚至不认为高尔夫球算一种运动，因为选手们在 38 度的天气里都穿长裤，也不来回跑动，跟网球完全不同）。然而，我最终还是接受了邀请，因为我很喜欢一位痴狂的爱尔兰选手，他叫大卫·费尔提（他是 CBS 的主播，同时也是一位作家，这让他有机会在电视屏幕前把自己的幽默展现给公众。）。还有非常富有活力的大卫·卢埃林（David Llewellyn）（他是前威尔士国家队教练，他仍然保持着从 PGA 欧洲巡回赛开始以来，四回合最低杆数的纪录）。

因此，我发现自己开始在一无所知的领域内做教练。但是通过运用我的

⊖　戴维斯杯是各国国家网球队之间的世界网球锦标赛。

这些原则和方法，学员们的表现都在不断提高。因此，随着更多的公共宣传，我被邀请去训练其他运动项目的选手，如击剑、手枪射击、游泳、跑步和壁球等。我也被邀请去训练老师、音乐家甚至那些不适应主流教育系统的孩子们。"由内向外"的方法不断在各个领域创造着突破性的结果。当我开始帮助各大公司的高管们提高他们运动成绩时，其中一些人建议我把这种方法应用于商业领域。因此，我开始培训高管和经理们，帮助他们在工作中提升表现。之后，我创建了一家公司。我们通过进一步研发让这种方法、流程更加简单易行，还可以重复运用，所以，全球各个领域越来越多的公司开始和我们合作。

总之，当我读了更多书，和心理学家们进行了更深入的沟通，与其他相关领域的专家进行了更多交流时，当我在工作和生活的各个方面训练更多学员时，我就一次又一次地得到同样的结论：提升表现方面的最大阻碍（或机会）并不在于知道要做什么，而是在于怎么做好我们知道的。要知道干扰因素会阻碍我们做好我们知道的事情。

问题与思考

- ✔ 你通常会怎样求助于外部资源来提升你的表现（新书、不同的方法、换教练、最新的设备等）？结果怎么样？你的表现实际上提升了多少？
- ✔ 你是否知道有哪一两件事是可以提升你工作或生活表现，但是你一直没有去做的？是什么原因阻碍了你采取行动？
- ✔ 回想你表现不错和不佳的情况，比较这两种情况中的体验。当你表现不佳时，什么干扰因素阻碍了你发挥？它是怎么影响你发挥的？
- ✔ 在公司、团队中或家里，有多少干扰因素阻碍了你的表现？如果你是高管、经理或为人父母，你有没有创造干扰因素，阻碍了大家表现的发挥，不管是不是有意的？
- ✔ 回想当压力让你表现不好时，是什么的压力限制了你的发挥？当时的具体过程是怎样的?

✔ 他人的建议在什么时候, 用什么方式阻碍或增加了你的经验或提高了学习能力?

第1章　一个能帮助你的练习

目标瞄准突破性表现

请登录网上社区: www.Alan-Fine.com

第2章
表现的本质

无听之以耳，而听之以心。

中国哲学家　庄子

我在不断帮助个人和组织提升表现的过程中，又发现了一个让我恍然大悟的结论：对于提升表现来说，干扰所影响的并不只是知识这一个要素。另外，还有三个对提升表现非常重要的要素。这三个要素不但本身很重要，而且它们可以促进知识的运用。当这些要素被压制时，人们的表现就会不佳。一旦它们得以释放，人们的表现就会提升。

我把这个三要素称为：信念（faith）、热情（fire）和专注（focus）。

信念是指我们对自己和对别人的看法。

热情是指我们的能量、激情、干劲和担当。

专注是指我们关注的方面和关注的方式。

信念、热情和专注会让我们全情投入，也是我们提升 10 倍表现的关键。

高敬业度员工的特点

盖洛普公司的柯特·科夫曼（Curt Coffman）和加布里尔·冈萨雷斯－莫利纳（Gabriel Gonzalez-Molina）在《由此，踏上成功之路》(*Follow This Path*) 一书中，指出了高敬业度员工的特点（用我的话来说，这些员工在工作中把他们自己的信念、热情和专注都发挥到了极致）。

- 每天都发挥自己的才干。

- 持续保持高绩效水平。

- 展现出内在的创新能力并不断追求高效。

- 自发地与他人建立互助的人际关系。

- 对自己岗位要求的成果有清晰的认识。

- 对自己所做的工作有责任心。

- 为达成目标而不断进行自我挑战。

- 展现出高度的活力和热情。

- 从来不会无事可做，而是积极开创有价值的工作并投入其中。

- 拓展并夯实他们的工作。

- 对公司、团队和工作岗位有承诺和担当。

因为这三个要素的影响很大，所以我越来越认定：阻碍每个人表现的就是他们自己的信念、热情和专注。另外，由于干扰对这三个要素造成的影响是巨大的，所以我相信：减少对这三个要素的干扰也许就是最有效，但还没有被人们广为理解的提升表现的方法。

我们在第 4 章讲详细讲解这部分的内容。好消息是我们找到了一种简单易行、可反复使用的流程来减少对三要素的干扰。

表现模型

我把知识（knowledge）、信念（faith）、热情（fire）和专注（focus）一起整合起来，称为提升人们表现的"K3F"模型。

如果我们把这个模型看作一个车轮（见图 2-1），知识代表车轮的轮框。信念、热情和专注代表支撑车轮的轮辐。轮框没有了轮辐或轮辐没有了轮框，都不能让整个车轮发挥作用。因此，所有这四个要素对于成功地提升表现都是至关重要的。

就像我们在第 1 章所了解的那样，绝大多数提升表现的方法都是把主要精力甚至所有精力放在了"知识"这一要素上。显然，一些基本知识是必需的。对于销售人员来说，如果你不懂任何产品知识，不了解你的客户或对手，你肯定很难做好销售工作。对于网球选手来说，如果你不知道什么是球拍、球和比赛规则，你也打不好网球。对于音乐家来说，如果你不懂乐谱、旋律和力度变化等基本知识，你也很难弹好莫扎特的曲子。

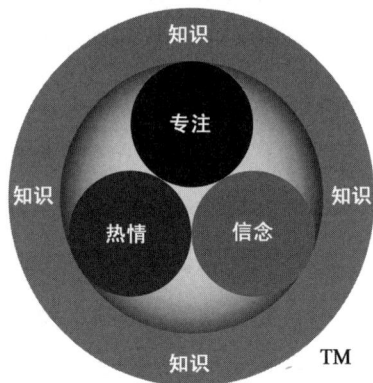

图　2-1

但是，影响人们表现提升的关键是信念、热情和专注这三个要素。这也就是小女孩在干扰因素被消除之后，表现提升 10 倍的原因。这三要素让网球冠军巴斯特·莫特拉姆的排名在六个月内从第 90 位上升至第 19 位。一个组织之所以有很好的表现，是因为组织中的成员：

- ✔ 真心相信组织的活力、竞争力和目标。
- ✔ 富有激情地全情投入到自己的工作中。
- ✔ 明白应该把关注点放在能够帮助公司成功的关键方面。
- ✔ 能够充分运用自身具备的知识开展工作。

当三要素被充分释放时，就会发生令人意想不到的成效。

信念、热情和专注的来源

信念、热情和专注是我们每个人内在的特质。回想蹒跚学步之时，我们相信自己，对周围的事情充满好奇，我们完全专注于当下，想去了解周围的一切。所以，爸爸妈妈不得不固定好家里的每一件东西，而且要把电源插座盖起来。因为我们想去探索！我们永不满足的好奇心是信念、热情和专注的体现。

> 我没什么特别的天赋，只是有好奇心。
>
> 诺贝尔奖得主　爱因斯坦（Albert Einstein）

　　想象一下，你一岁时的样子。某一天你正在探索周围的世界，你看到妈妈拿了一本彩色的书。你有信念，相信自己可以拿到这本书。你有热情，你对正在做的事情感到兴奋。你很专注，在那一刻你脑子里只有那本书。因此，你走过去从妈妈手里拿过那本书。然后，用各种方式来了解这本书。你会看明快的颜色，会听书掉在地上的声音。当你拿着书时，会用手感受书的材质。当你把书放在嘴里，会发现书的味道没有那么怪。

　　但是你很快就对书没了新鲜感。然后，你注意到妈妈的一个朋友正在用一支细长、黑亮的东西在纸上写写画画，你就抢过来探索着。这东西感觉不错，你把它放在嘴里，味道还可以。但是当你举起来的时候扎了鼻子，还挺疼的。你马上把它扔了，又拿起了书，因为书不扎人，闻上去还不错。但是你很快又对书没了兴趣。这时你注意到妈妈另一个朋友的鞋子上有一些纤细的东西你可以拉。因此，你用力地拉，但是你根本拉不动。因此，你又跑去抢妈妈的书了。

　　当你第三次去抢妈妈手里的书时，妈妈会怎么做？妈妈很生气，用坚定的语气跟你说："不行！去玩其他东西，我正在看这本书。"这也许是你第一次体会别人因为生气而对你喊叫。妈妈，作为你最大的安全感来源，正在吓唬你，但这丝毫不会减弱你的好奇心。你后退了，这次你采用了"小心翼翼"的方式。你会看妈妈的脸色，想知道她还会不会对你喊叫。因此，当你伸手拿书时，会有些犹豫。你的这种担心正在干扰你天生的信念、热情和专注。

　　我们的学习速度就是在这样的时刻减慢了。一旦进入了"小心翼翼"的模式，我们的防卫心理就会加强。我们不想再次经历受伤的感觉，因此变得谨慎。同样的情况也会发生在公司里。当员工的想法被否定时，他们就像被打了一巴掌，会立刻进入"小心翼翼"的模式，变得很谨慎，而且其他看到或听说这件事的人也都会进入"小心翼翼"的模式，尤其是事关自己薪酬问题的时候。

当我们慢慢长大，会对"小心翼翼"的模式越来越熟悉。发展心理学家告诉我们：一个人五六岁时就差不多学到了自己一生所学的一半了。当我问人们，五六岁的时候发生了什么让学习速度大幅变慢时，大家通常都回答"我们上学了。"学校是我们开始知道世界上有"批准"和"不批准"这两个概念的地方，而且学校利用"通过"还是"不通过"作为标准让人们适应这种方式。

"小心翼翼"模式的影响

在《绕着大毛球飞行：寻找工作的从容轨道》（*Orbiting the Giant Hairball*）一书中，戈登·麦肯锡（Gordon Mackenzie）分享了他对不同小学生的研究成果。他写道，不管什么时候，他只要走进一年级的班级，问学生们有多少个小艺术家时，"齐刷刷地，所有的孩子们都会从椅子上蹦起来，挥舞着胳膊，就像要把手举到天花板上一样。每个孩子都是艺术家。"

在二年级"大概有一半孩子会举手，只会把手举到肩膀这么高的位置，而且是静静地举着手。"他说："每次我到了六年级，最多一两个学生会举手，而且是慢慢地把手举起来，同时眼睛还很不自在地看看周围的同学，很害怕被大家嘲笑是一个'秘密艺术家'。"

除了在学校时，老师和同学们会对他们评价之外，作为父母，我们对孩子做了什么让他们进入了"小心翼翼"的模式？当我们6岁的孩子把他画的画拿给我们看时，即使我们不知道他画的是什么，我们也会说："啊，真棒！你太聪明了！画得不错！"但是当孩子到了8岁，我们会怎么说？"画得不错，但是你不觉得应该把圆画得更圆些吗？"当孩子10岁时呢？"这是一匹马？我看不出这是一匹马。"

当我们长大，为了运动、学业、恋爱，甚至为了在家里吸引家人的关注时，我们开始陷入输赢的竞争中。当我们去上班，公司的氛围就会让我们进入"小心翼翼"的模式。慢慢地，我们把注意力从探索和学习转向了逃避和防御。我们的信念开始动摇，热情开始减退。

> 每个孩子都是艺术家，问题是如何在长大之后还是个艺术家。
>
> 西班牙画家　巴勃罗·毕加索（Pablo Picasso）

他人的指令对我们的影响

从婴儿到上学之前的这段时间，我们开始发展语言能力。结果，越来越多的人（父母、老师、教练、老板等）用语言作为工具来告诉我们他觉得我们该做什么和怎么做。换句话说，他们尽力把知识通过沟通传授给我们。

你能想象，如果你父母用教你打球的方法来教你走路，会是怎样的吗？"好的，现在我要你站好，把重心平均分配给两条腿，双腿微曲。好的，现在抬右腿，不！别迈那么远。你怎么摔倒了？好的，站起来。我们再试一次。这次你一定要集中注意力！"你的父母很可能不会这么做。他们知道你还小，听不懂这些。因此，他们会把你放在一个安全的环境里，让你自己去尝试，这样你自己就会知道哪些管用，哪些不管用。他们只是全身心来鼓励和支持你的努力。"真棒！你真聪明！我爱你！"当你摔倒，他们会把你扶起来，让你继续尝试。那么，父母为什么这么做？因为他们本能地知道当你还是婴儿时该怎么做才能让你学得最快。他们会营造让你从心理到身体都安全的环境。然后，他们会让你靠自己与生俱来的信念、热情和专注及你自己的体验来学习。

这和现在公司里的环境形成了巨大的反差。因此，结果也就大不相同了。大多数人会出于好意告诉你该做什么。在我们所从事的领域，确实需要掌握一些必需的知识才能有所发挥。但是，我们所获得的知识以及获得知识的方式把我们的关注点从探索和学习方面转移到了记住并按照指令去把事情做"对"上！结果，我们对自身学习能力的信心倍受打击，同时我们的热情也降低了。

> 大人者，不失其赤子之心者也。
>
> 中国古代哲学家　孟子

释放信念、热情和专注

一旦信念、热情和专注被禁锢，不管是选手还是教练，付出再多努力都无法创造极致的表现。但是只要这三个要素被释放，好的表现自然而然会出现，而且提升幅度远远超过教练自己所能推动的范围。所以，教练至少要把一定的精力花在选手的这三个要素上，就像关注知识和表现一样。教练要学会通过这三个要素来激发学员，而不是用干扰让学员的表现下降。

让我们一起来看一个例子。对我来说，这个组织从一开始成立的时候就想到了要扫除那些对三要素形成阻碍的干扰因素。在英格兰的萨福克（Suffolk）有一所与众不同并且有些争议的私立学校——夏山学校（Summerhill）。A.S. 尼尔（A.S.Neill）在 1921 年创办了这所学校，他后来被称为 20 世纪最伟大的十二位教育家之一。夏山学校与众不同的地方在于学生和教师把这里营造成一个"平等社区"。这里每天固定的时间都安排了严谨的课程，但是孩子们可以自主选择上或不上。学校特别强调学生们有玩或去做他们自己感兴趣的事的自由，学生和老师一样平等地参加学校的决策会议。

关于夏山学校，尼尔有这样的描述：

我们要建立一所可以让孩子们能自由做自己的学校……别人都说我们很勇敢，但这不需要勇敢，而是需要我们坚定地相信：孩子们都是好的。从 1921

年起，这种观念不仅没有被推翻，而且形成了我们最终的信念。

因为学校不同寻常的理念，夏山学校一直都被严格地监管着。最终，英国政府在 1999 年采取行动关掉了学校。但是一份独立调查表明：虽然孩子们花了大量时间来玩，但是他们的公共考试成绩高于平均水平，而且大部分都上了大学，并有着不错的职业发展。很多学生都对夏山学校给予他们的教育表达了感激之情，尤其在培养自信、人际互动技巧、关心和尊重他人、个人责任感和决策能力等方面。在这项调查中，尤其让人印象深刻的是那些之前在公立学校体系中学业失败却在夏山学校成功的学生。一个学生说："在夏山学校，因为我可以选择我感兴趣的科目，所以我一年学到的东西比我过去在美国高中四年学的东西都多。"另一个说："这里把我们当成独立、有思想和对自己负责的人来看待。我们被尊重和鼓励成为正直和有责任感的人。我们学会了如何在一个团队中正确地和大家互动。"

> 教育不是填鸭，而是启发。
> 爱尔兰诗人和戏剧家　威廉·巴特勒·叶芝（William Butler Yeats）

我之所以分享夏山学校的案例，不是要夸赞或批判学校和他们的理念，只是想由此引出以下的观察结果。作为父母或老师，我们很多人都不相信：如果一开始把孩子们放在学习环境中，他们会自主地去追求学业上的成功，并且与接受传统义务教育的同龄人相比他们会成长更快、更开心。推而广之，作为经理、高管、教练或父母，我们也不相信（或者说，我们根本也没这么想过）：如果没有我们过多的指导、控制、管理和干涉，人们也许能够更有信念、热情和专注去做得更好。

我们真的该花些精力去好好想想：在公司、团队和家庭等方面，是哪些干扰阻碍了人们的信念、热情和专注，以及如果消除了这些干扰会发生怎样的改变。接下来，让我们来深入了解每一个要素。

信念

信念和观念有关。简单来说，观念驱动行为。不管我们相信自己是聪明的、愚笨的、可爱的，还是讨厌的，是自己生活的主导者，还是没有选择的受害者，这些观念都将驱动我们的行为。而且因为我们的所作所为会决定我们各个方面的结果，因此观念也就驱动了结果。举个例子，如果我要做一场演讲，而且我相信自己已经做好了准备，能高效地表达想要传达的想法和观点。那么，我在演讲时会很放松、有激情、有亲和力。但是如果我觉得自己没有做好充分准备，那么我就会很担心自己的表达能力或观众可能的负面反应，就而我就会紧张，对观众反应的担心会成为可能实现的预言。结果，我能清晰表达和有效影响大家的概率就会下降。

> 如果你知道自己不会失败，你愿意去尝试哪些伟大的事情？
>
> 美国作家　罗伯特 H. 舒勒博士（Dr. Robert H Schuller）

当我正在打网球时，如果我相信自己能很好地接住对手的发球，我就会脚趾着地，注意力集中，关注球的走向。因此，我接住对手发球的概率就会变大。如果我不相信自己可以很好地接球，我就会脚跟着地，肩膀懈怠，脑子里充满消极的想法，这样我成功接球的概率就会大大下降。

最能加强自己信念的方法，就是相信"自己能学得会"。这不是让你相信"我上完第一节网球课一周之后就可以赢温布尔登网球赛。"，而是"我相信我有能力学会并提高网球水平"或"我相信我有能力成为一名更出色的音乐家、管理者、老师和父母"。

思维方式的研究成果

斯坦福大学的心理学家卡罗·德威克（Carol Dweck）进行的广泛研究表

明："相信能力是天生"的人与"相信能力是可以被培养"的人不同。后者的观点反映了对自己学习能力方面的信心，或者我们称之为拥有"内在学习潜力"（learner within）。

那些相信能力与生俱来的人常常认为成功来得很容易。他们没有通过练习来加强能力的热情。他们把失败的原因归结为缺乏能力，而且容易气馁。而那些认为能力是可以培养的人则相信成功是努力的结果。面对失败，他们会更有热情，而不气馁。他们把自己当成学习者和问题的解决者，而且如果一种方法不能解决问题，他们会尝试另一种。

德威克的研究还揭示了"以表现为目标"的人和"以学习为目标"的人之间的差异，以及两类人在成长和收获方面的差距。她说："那些把表现看得很重的学生想要让别人觉得他们聪明，即使过程中学不到东西也无所谓。对他们来说，每一项任务都是对他们自我形象的挑战，每一次挫折都成了一种威胁。因此，他们只参加对他们表现有帮助的活动。而那些以学习为目标的学生会冒该冒的险，不担心失败，因为他们知道每一个错误都是学习的机会。"

德威克进一步肯定了运用"内在学习潜力"的价值，她得出结论："夸奖孩子所做的努力比夸奖他们聪明更能激励（或者说是热情）孩子。"他也肯定，人们可以通过改变他们的思维方式（或者说他们的信念）来提升表现。

缺乏信念可以被形容为没有安全感，是一种害怕和自我怀疑，是我们不知道该怎么应对头脑中出现的消极、批评的声音时的感受：当我们曲解、放大或想象别人对自己的批评或负面评价时；当我们觉得没有把事做"对"时；当我们过于为过去或未来担忧时；当我们沉浸在自己编造的"故事"（"我不可能被提升。""我太紧张了，根本没法做好演讲。""我做事情没有章法。""我学东西慢。""我不是个擅长人际交往的人。""我很害羞。"）中时。

有些时候，这些编造的故事如果恰好遇到一连串的事情，往往就会被夸大或曲解。举个例子，在高尔夫球场的第一洞，你把球打得向右偏了，你可能对自己说："我打偏了。"如果在第四洞又打偏了，你会扩大这种判断"我又打偏了。"如果在第八洞再次打偏，你会更加认为自己会打偏。如果在第十洞还是打偏了，你会说："我就是一个偏子球手。"如果你在第十七洞三次才把球推进洞，你会认定自己是个不怎么样的选手。如果你老婆在你打第十八洞的时候给你打电话："你在哪儿？为什么不回家吃晚饭？"你也许会认定你老婆也很差劲。

在工作中你也可能做同样的事。你被要求在团队会议上发言。如果你没有有意去逗大家，但人们在你发言的时候笑了，你很可能会想："我猜我没说清楚。"下次当你努力给团队成员解释一些事情，他告诉你：你错了。你会想："我想我不善于清晰表达。"当你讲解一份报告且很多人提问时，你会想："我不是个能说清楚事情的人。"当上司让你澄清你在会议上说的一些内容时，你会想："我工作干得不怎么样。"当你的另一半因为你说的话而愤然摔门而去时，你会决定再也不说了。

虽然我们通常意识不到自己编造的故事限制了自己的表现，但是这些故事其实会一直影响着我们，影响着我们的表现。这些故事就像一个我们用来诠释生活中各种事情的过滤器，让我们看不到其他的可能性。因为我小的时候有哮喘的毛病，别人就经常跟我说："你做不到别人能做的事没关系，不去游泳没关系，在球场上中途退场也很正常。"时间一长，这些别人给我讲的故事，最后变成了我自己给自己讲的故事，而且我会用此来过滤所有的东西。当我试着跑步，感到有点上气不接下气时，脑子里会出现一个声音说："没错吧，他们早就跟你说了。"然后，我会开始变得更紧张，给自己不断暗示："呼吸变得越来越困难了。"即使我的情况已经有所好转，这些想法还是会对我有很大的影响。当随身听发明以后，我才有了真正的突破，我开始戴着随身听，边听音乐边跑步。生平第一次，我可以一口气跑完 5 英里。因为我的注意力放在了音乐上，而不是自我暗示上，所以自我暗示开始慢慢消失了，而且我突然发现自己可以做得比之前更好，甚至比自己想象的更好。超越了禁锢自己的故事，让我有了很大的改变，尤其让我看到了更多可能和我的潜力。

从那以后，我意识到：在工作中或其他情况下，如果有个像随身听一样的东西帮我的话，我就可以取得突破性的结果。这种方式能让人专注在产生高水平表现的目标和理念上，而不是被干扰因素所阻碍或被自我局限的故事所影响。这种方式可以释放信念和热情。我们将在第 4 章讨论能够产生这种专注的流程方法。

当我们不能摆脱故事的束缚，不能从当下学习和全身心体验时，我们就会依赖过去的经验。以前有一次，我坐飞机从斯德哥尔摩飞往伦敦。一位女士坐在我旁边，当飞机开始滑行准备起飞时，她突然用力地抓住了我的胳膊，我感觉到她都快要哭了。她很不安、紧张而且很害怕。在飞机升空平飞后，她好像镇静了一些，但是当飞机要落地的时候，她又变得很紧张。通过和她聊天，我了解到她以前坐飞机经历过让她心有余悸的事故。从那以后，每次坐飞机她都会被以前的经历所影响。在这次飞行中，导致这位女士产生巨大压力的不是实际发生的事情，而是她想象的可能发生的事。她陷入了过去经历所产生的故事里，这种故事正扭曲着她对当下的体验。

我们经常陷入的一种让自己一蹶不振的故事是"我办不到"，当人们在生活、工作、家庭中不能达到想要的结果时，他们总是会编一个故事并把故事作为理由来解释他们为什么做不到。最常见的故事就是"我们没有足够的知识。"如果这些故事不改变，人们就永远不会有突破。改变很难，因为我们倾向于认为自己所说的就是真相，但其实那只是我们对于真相的看法而已。培养出能带来高水平表现信念的关键就是认识到：**我们有改变想法的能力。**

总之，我们选择信念，信念决定我们的行动，我们的行动决定结果。从一定程度上看，我们选择不同的信念，才会改变我们对自己（员工、公司、学生、配偶和孩子等）的故事，我们才能提升表现。

热情

热情和能量及激情有关。我们经常在一些做出伟大或激动人心事迹的人身上看到这种热情。这些人不仅包括诺贝尔奖获得者穆罕默德·尤努斯（Muhammad Yunus）、纳尔逊·曼德拉（Nelson Mandela）以及特蕾莎修女（Mother Teresa），也包括伟大的音乐家和运动员，如卢西亚诺·帕瓦罗蒂（Luciano Pavarotti）、马友友（Yo-Yo Ma）、老虎·伍兹（Tiger Woods），还包括那些投入大量时间的志愿者，他们有的在扫盲识字中心、食物供给中心，或为第三世界国家的人们提供医疗救助；那些牺牲了业余时间来给落后地区的孩子们上课的老师；那些给地震和海啸受害者募集捐款的小学生；那些无私地用时间、精力和资源来养育健康、快乐孩子的父母。热情是一种动力，能够激发人们超越自己的能力范围，去战胜挑战，打破世界纪录，做出一些看似不可能的事情，如抬起发生车祸的汽车把自己所爱的人救出来。

变 革 之 心

哈佛大学教授约翰·科特（John Kotter）和德勤咨询负责人丹·科恩（Dan Cohen）一起出版了《变革之心》一书，他们在书中指出："想要改变人们的行为，仅仅通过帮助人们进行分析来影响他们的思考是不够的。更重要的是，让人们看到事实，从而影响他们的感受！思考和感受都是需要的，而且在一个成功的组织中两者都要具备。但是让人们改变的核心在于触动感受，所以'看到－感受－改变'的方式比'分析－思考－改变'的方式更有效。"

对我来说，关于"如何用热情来影响表现"的最激动人心的例子来自一个叫迪克·霍伊特（Dick Hoyt）的人。43 年前，迪克的儿子里克，因为在出生过程中被脐带绕住脖子，影响了对大脑的供氧。医生告诉迪克和他妻子，里克会有严重的生理和智力的缺陷，这些缺陷将伴随里克一生。因此，建议他们把里克交给专门机构来抚养。但是迪克的家人决定把孩子带回家自己来抚养。里克 11 岁那年，他们请附近大学的工程学院研发能帮助里克沟通的工具。科研人员告诉迪克这种方法不行，因为里克的大脑里没有任何活动迹象。但是当迪克让他们给里克讲一个笑话时，里克笑了。这让科研人员们改变了想法。他们发明了一台电脑可以让里克通过他头一侧的开关来控制光标。通过电脑，里克告诉父亲他想参加一个慈善长跑活动。因此，向来把自己称为"胖猪"而且从未跑步超过 1 英里的迪克，用轮椅推着儿子跑了 5 英里。里克通过在电脑上打字告诉父亲："爸爸，当我们奔跑时，我感觉自己就是一个正常人！"

这些话点燃了迪克内心的热情。他下定决心，要想尽各种办法来激发儿子心中这种美好的感受。迪克开始锻炼身体，最后他通过了测试，可以带儿子参加马拉松，甚至铁人三项赛（包括 2.4 英里游泳比赛——里克被拴到迪克腰上，112 英里自行车比赛——里克坐在特别为他设计的装在车把上的座里，26.2 英里跑步比赛——迪克用轮椅推着里克）。现在，65 岁的迪克和 43 岁的里克已经参加过 24 次波士顿马拉松和 212 次三项全能赛，其中包括 4 次 15 小时铁人三项赛。他们在波士顿马拉松中的最好成绩时 2 小时 40 分，仅比历届的纪录多了 35 分钟。

> 人是这样的动物，一旦有什么东西点亮了他的灵魂，"不可能"就会消失。
>
> **法国诗人　让·德·拉·封丹**（Jean de la Fontaine）

迪克对儿子的爱激发了他的热情，让他有了一种信念，支撑他能够完成他从未认为自己能做到的事。同样地，对公司、团队和家庭的热情也可以释放信念来激发人们发挥超出他们想象的表现。

对于不同的人，热情的表现方式也是不同的。虽然我知道人们对顶尖销售人员的印象往往是精力充沛、有个人魅力和外向的。但是我也认识很多安静、内向的销售人员有着很强的驱动力和热情来努力工作，从而击败对手成为顶尖销售人员。

当人缺乏热情时，会表现得冷漠，这是一种没有积极性、缺乏精力和决心的表现。你会在那些不清楚自己生活目标的人或没有朝目标努力的人身上看到这种冷漠，会在那些感觉自己被打垮的人身上看到这种冷漠，还会在那些生活中发生了意外变故却不接受或不知道如何应对的人身上看到这种冷漠。信念和热情之间有很强的关联。一旦人们能摆脱对自己的消极故事时，他们就可以看到新的可能，进而热情会增加。

专注

专注的重点在于有方向的注意力或专注力。当我们做事顺畅时，专注让我们感到内心平静而且做事毫不费力。专注让我们有能力"活在当下"，全神贯注在手头的工作上，而不被其他东西分心。高度的专注让我们有能力以非凡的方式来完成任务，战胜挑战。专注不仅是表现的关键要素，也是练习的关键要素。就像美国橄榄球传奇教练文斯·隆巴迪（Vince Lombardi）所说："练习不能带来完美，只有完美的练习才能带来完美。"通过在练习中创造恰当的专注力，人们可以更快地提升自己表现。

这些年来，我越来越相信：专注是人们在提升表现方面的决定性要素。专注能让像郭士纳（IBM 公司）和赫伯·凯莱赫（Herb Kelleher）（西南航空公司）这样成功的 CEO 集中精力专注在一些关键目标上，并把陷入泥潭的公司转亏为盈。当压力来临时，专注能让老虎·伍兹这样的选手在 PGA 巡回赛上发挥出比其他选手更高的水平。专注能改变人们的信念（关于他们能做什么的信念）、热情（他们做事的精神状态）以及获取和运用知识的能力。

第二名，差很多！

在 2007 年的 PGA 巡回赛上，1 号选手老虎·伍兹和 2 号选手杰夫·欧威顿（Jeff Overton）的平均分差距只是每轮 1.5 杆。但是老虎·伍兹拿走了大约 1080 万美元的奖金，而欧威顿只拿到了 100 多万美元。另外，老虎·伍兹还拿到了广告代言的 800 多万美元。

我们都体会过专注的力量：当我们沉浸在某个计划中时，会忽略身边发生的事情；当我们演奏一首乐曲并沉醉在乐曲所表达的情感中时，不会去想演奏技巧和音符；当我们和好友欢聚、读一本好书、看一部精彩电影的时候，会觉得时间过得很快。这种专注会在高水平的发挥中表现出来。当我给威尔士高尔夫球选手大卫·卢埃林做教练时，他打出了欧洲巡回赛所有职业赛事的单轮最低杆数纪录（60 杆）。他在比赛中进入了专注的状态，所以他也不知道自己在创造纪录，直到比赛结束才意识到这一点。

我们也知道，当我们分心的时候是什么情况。我们会把专注力从关键的方面转移到不重要的方面：当我们忘了要说什么话的时候；当我们不小心让东西从缝隙里滑落的时候；当我们被观众所分心，而没能把对方的球打回去的时候。

把自己的注意力从低价值事情转移到高价值事情上的能力，是你成就自己的核心。

商业作家和演说家　布莱恩·崔西（Brain Tracy）

很显然，专注是消除干扰和防止分心的很有效的工具，而且对企业中每个层级的高水平表现都至关重要。几年前，我去见一个生产和产品设计公司的中国区总监，教他学习如何运用专注来提升网球水平。在我们合作期间，他对自己在网球场上表现的提升感到激动。而当他意识到可以运用专注来改善他的业务时，就更兴奋了。当他回到工厂后，他开始设法将中国员工的关注点从"究竟抽屉背面的测量是否有 2 厘米的误差"转移到"三项对美国消费者来说是最重要的标准——外观、感受和功能"上来。他和员工一起做出了一份计划，让公司生产的每一件产品都用这三个标准来衡量。结果如何？让我们看看他是怎么说的。

2004 年，我们的次品率是 8% ～ 9%，这让我们丢了上千万美元的生意。随着把最重要的关注点放在"外观、感受和功能"上，我们在 2006 年把次品率降低至不到 1%。你可以想象一下，这对我们的利润产生了多大的影响。同时这也对员工的士气产生了很大的影响。员工开始认识到他们比自己之前想象的更有能力。由此证明，专注是一种能够解决大问题的简单、易行的方法。

专注与执行

在《领导人真正要做的事》（*What Leaders Really Do*）一书中，哈佛商学院教授约翰·科特发现，那些以成果卓著而闻名的 CEO 们有一个共同点：他们会完全专注在某些核心目标上，同时他们会让下属们也持续并明确地向这些目标前进。

在《执行：如何完成任务的学问》（*Execution：The Discipline of Getting Things Done*）一书中，霍尼韦尔的前 CEO 拉里·博西迪和商业顾问拉姆·查兰发现："如果一个领导者说'我有十项要务'，这说明他根本不知道自己想要什么，他不知道什么对他是最重要的。你需要找到几个能够影响全公司业绩的现实目标和要务。"

专注在提升高水平表现中之所以如此重要，是因为专注能让你思路清晰，这样一来，你就更能看清楚从自己体验中得到的反馈。没有反馈，我们就没有渠道了解自己是否在做应该做的或得到了应有的结果。反馈是数据，数据越精确，我们学得越快。

缺乏专注会让人们的表现不协调，或者说前后不一致。缺乏专注会让高尔夫球选手上一杆能把球打上果岭，下一杆就把球打到水里。缺乏专注让身为父母的我们今天告诉孩子"不行"，明天又说"行"，朝令夕改。这样会让孩子很迷惑，他们只能不断试探你的底线。缺乏专注让公司或团队不停地从一种战略转移到另一种战略。缺乏专注会让团队会议冗长而且反复，因此带来时间和金钱的巨大浪费，还会让团队产生挫败感。

在后面的章节，我们会学到：学会专注是释放信念、热情最有效的方法。当我们把注意力专注到具体和可操作的方面，就会减少干扰。专注能让思绪平静，并改变我们的观念，因而让我们对所做的事情更有信心，进而释放更多的能量和热情。

三要素都需要

不管你想提升个人表现（作为经理、高管、运动员、父母或老师等）、团队表现（工作团队、体育团队或家庭）还是公司的业绩，或你自己作为教练帮助他人提升表现，信念、热情和专注这三个要素都是必需的。

如果你信念不定，没有热情，把关注点放在错误的方面，你很有可能表现不佳。在人们有信念和热情但没有专注的情况下，他们虽然相信自己有精力和承诺，但不能持续提升表现。在人们有信念和专注但没有热情的情况下，他们虽然自信并专注重点，但是并不真正关心他们所做的工作，也不会真正承诺做好工作（这是当今各大公司面临最大的问题）。在人们有热情和专注但没有信念的情况下，人们会对自己所做的事情有热情，也关注重点，但会没有安全感，并怀疑自己。从本书的角度，我们要讨论的是这三要素帮自己提升表现的积极方面：相信自己有能力学习和做好，有做事的精力和激情，关注那些对表现提升起关键作用的因素（见表 2-1）。

表　2-1

影响表现的要素	
正面	负面
信念 相信自己的学习和适应能力	不安全感 害怕和自我怀疑
热情 热情、活力和承诺	冷漠 冷淡、没兴趣、顺从
专注 注意力、专心	不协调 分心、易受干扰、表现不稳定

正如本章开头所述，知识和信念、热情、专注四个要素的结合形成了人们表现的模型。这个 K3F 模型给我们提供了一种很好的方式来了解、评估并改善我们的表现。我们会在第 5 章和第 6 章来讨论如何训练他人提升表现，会在第 7 章讨论如何更好理解并提升组织表现。

结论

无论资质如何，我们都有机会做得更好，只要：

✔ 我们相信自己能学会并做得更好（信念）。
✔ 我们对所学和所做的感到激动（热情）。
✔ 我们能让自己保持注意力，让心平静（专注）。

好消息是，我们与生俱来都有信念、热情和专注。我们有能力重拾信念，重燃热情和重新专注。这三个要素对我们的表现至关重要，当我们消除了阻碍这些内在天赋的干扰因素后，表现自然会提升。

问题与思考

✔ 回想一下，你所在的公司或家庭。你是否看到什么迹象，表明人们处于"小心翼翼"的模式？这对人们的表现有什么影响？

✔ 你一直在讲哪些限制自己表现的故事？你一直在讲哪些限制他人表现的故事？

✔ 在以下方面，你运用自己的信念、热情和专注的情况如何？

  ✓ 在你的个人生活中？

  ✓ 在你的职业生涯中？

  ✓ 在你的某个爱好方面？

✔ 如果你能更好地运用信念、热情和专注，你的表现会有什么不同？

✔ 想想怎样用信念、热情和专注来影响他人的表现（同事、配偶、孩子、学生、运动员或其他人）？如果他们能更好地运用信念、热情和专注，他们的表现会有什么不同？

第2章 一个能帮助你的练习
请仔细观察知识、信念、热情和专注
如何影响你的表现
请登录网上社区：www.Alan-Fine.com

第 3 章
消 除 干 扰

专注将注意力从使人分心的事情上转移。

"内心游戏"理论开创者与作家　蒂摩西·加尔韦（Timothy Gallwey）

在我的人生中，我第一次真的觉得自己有生命危险。我想喊，想转身退回去，只要不在这儿就行。当时我已经在一条又长又窄的山脊上走了 30 英尺[⊖]，左边离底下的碎石有 1 000 多英尺，右边则与冰河相距 500 多英尺，而且和另外 4 个人拴在一起，完全不能转身和后退。

1986 年夏天，一位英国著名的珠峰攀登者克里斯·伯宁顿（Chris Bonington）请我去主持一个他为苹果公司在欧洲的高管设计的领导力项目。此次活动是以攀登欧洲最高峰勃朗峰（Mont Blanc）为主题展开的。之前我爬过的最高峰是我们当地酒吧旁边的小山，我对登山有些畏惧，但是克里斯的邀请让我盛情难却，因此我接受了。

课程的头两天，我们在适应气候和训练，比如怎么穿登山鞋，怎么用冰斧防止打滑时掉下去，当队友不慎滑落时我们应该怎么做。第三天，作为准备工作的一部分，我们在一座稍小些的山峰——南针峰（l'Aiguille du Midi）训练。为了到达攀登点，有一段路程需要乘坐缆车到峰顶，然后在一个山洞里下车。从那里往右转是游客们去餐厅的路，我们则往左转通过登山者们必经的隧道。当我们快要走出隧道时，大家都赶紧带上了深色太阳镜，防止走到外面发生雪盲。太阳镜会让人们视线

　⊖　1 英尺＝ 0.3048 米。——译者注

变差，我们五个拴在一起，摸索着走出隧道。出来之后，大家的眼睛过了好一会儿才适应了外面的光线，此时我发现自己已经向前走了 30 多步。当我看清楚身处何处时，我的胃开始痉挛，脚步完全迈不动。这太可怕了，如果掉下去，不但我会死，也会连累其他队友，我害怕得全身发麻。

恐惧的干扰

那一天，我在南针峰所经历的是一种干扰，更准确地说，是恐惧的干扰（interFEARence）。这种恐惧的干扰完全动摇了我的信念（我不敢相信还可以继续往前走），扑灭了我的热情（我已经没有了继续这次冒险的欲望），干扰了我的专注（我的注意力已经完全放在了自己正在经历的恐惧上，而且我确信自己这次真的有生命危险了）。

也许大家每天经历的事情并没有那次登山这么刺激，但是我们都有过信念、热情、专注被干扰的情况。有一些干扰是外部的，这些干扰大多数来自于我们不能直接控制的事。在商业环境中，经济、新技术和日益激烈的竞争都是干扰。在网球场上，风向、阳光、场地或对手也是干扰。在家庭中，经济条件和家庭成员的需求及期望也是干扰。在舞台上，灯光、其他演员忘词、观众席上传来的翻节目单的沙沙声、剧场外传来的警报声也是干扰。在很多场合中，干扰来自他人，包括语言或非语言的评判。

> 思维会通过很多方式来阻碍你的表现与学习，但是这些阻碍最终都是你在头脑中和自己所进行的对话。
>
> **"内心游戏"理论开创者与作家　蒂摩西·加尔韦（Timothy Gallwey）**

但是很多影响我们发挥的干扰是内在的，大部分来自于我们对外部干扰的回应。当我们给自己讲"故事"时，当我们以"小心翼翼"的模式来了解周围状况时，当我们担心过去或未来时，当我们想着该做的事而不是专注于当下时，当我们与自己的"心魔"对话（"我必须把事情做'对'。""别搞砸了！""我很笨！""我不合格！""你就不能把事情做对吗？""别人会说什么？"）时，这些干扰就会出现。

我们每个人都会有"心魔"——CEO、销售员、运动员、父母、孩子、新手、专业人员、你、我……没有一个人例外。"心魔"会不停地在我们心里发表各种言论，因此就有了内在干扰。实际上，只要你够专注，即使在很忙的情况下，都有可能做到内心的平静，而内心的平静对高水平的发挥来说至关重要。

就如我那次在南针峰山上所经历的，或者我11岁时在网球决赛上迎战强大选手时所经历的，或者我生活中的其他很多时候，大部分内在干扰来自于害怕：不仅是害怕受伤，更多的是害怕被评价、被当成傻子、被拒绝或失败。

而且问题之所以变得复杂，是因为我们都习惯于把害怕的东西放大。如图 3-1 所示，图 3-1a 展示了高尔夫球场上的外部干扰，即大多数选手都害怕遇到的水障碍。水障碍的出现往往会让选手在比赛中发挥失常。因为我们会害怕把球打到水里而输掉一杆，所以在每一个选手的头脑中，面对水障碍时高尔夫球的重量好像无形中增加了 100 倍。因为我们害怕，大脑就会把挑战看得比实际情况严重很多（见图 3-1b）。

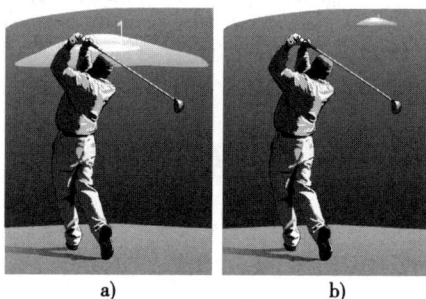

a)　　　b)

图　3-1

在工作中，很多问题（如员工流失、组织架构调整、工作技能改变、新技术、以更少的资源做更多事情的挑战、信息超载、文化多元化、裁员、绩效评估等）都会产生和高尔夫球场上的水障碍一样的干扰，而且会大大影响组织的绩效表现。举个例子，当一个销售代表被要求接受比去年增长 50% 的业绩目标时，或当项目经理被告知项目的完成日期提前了三个月时，他们往往都会把这些挑战放大，并且马上会说："这不可能做得到！"当公司里所有人都以这种把严重性放大的方式做出反对时，这种集体的影响就会让组织无法取得高绩效。

工作中的恐惧

在《敢说真话》(*Driving Fear Out of the Workplace*：*Creating the High-Trust High-Performance Organization*) 一书中，凯瑟琳·瑞安（Kathleen Ryan）和丹尼尔·奥斯特莱克（Daniel Oestreich）发现了在很多公司中产生恐惧干扰的因素。

- 诚信被质疑
- 被排除在决策之外
- 被当众批评
- 得不到做好工作需要的信息
- 一个重要任务被分配给他人
- 和别人有意见分歧，导致关系紧张
- 工作陷入死胡同
- 得不到应有的认可
- 被认为没有团队合作精神
- 提出的建议被忽略或被误解为批评
- 绩效评估排名很低
- 被开除

我们该如何消除干扰？通常，我们无法改变外部干扰。就像我十几岁的儿子所说："我们需要去面对它。"但是，通过消除内在干扰，我们可以释放自己或他人的潜力，以获得更好的表现。想要消除内部干扰，最简单且易操作的方法就是改变我们的关注点或关注方式。

可能性的艺术

波士顿交响乐团的指挥家本杰明·赞德（Benjamin Zander）在新英格兰音乐学院教书时发现：阻碍学生们表现提升的最大原因，与对成绩的担心、害怕有关。因此，他决定要消除这种干扰。

学年一开始，他就宣布：在接下来的两周内，如果学生们做到一个条件，他们就可以自动得到 A。他们只需要完成一篇论文，这篇论文要像他们通常在年底写的总结一样，来解释他们具体做了哪些事来得到 A。他们要分享感受、领悟和收获，就像这些事情已经实现了一样，而且还要描述他们想成为什么样的人。

一位演奏长笛的青年韩裔学生这样写道：

我之所以能够得 A，是因为我学习努力，勤于思考。因此，收获很大，我像换了一个人。以前的我很消极，不愿意尝试任何新东西。现在我发现自己比以前变得开心了。一年前，我不能容忍自己的错误，每次犯错之后，我都会责备自己。但现在我享受犯错，而且我真的能从错误中学到东西。在演奏方面，我的演奏技巧更加精进，以前都是按谱演奏，但现在我发现了曲子里真正的含义，而且在演奏时我还会融入个人的理解。另外，我发现了自己的价值，只要相信自己，就一定能做好。非常感谢您给我们上课，我认识到自己很重要，明白了自己为什么要演奏音乐。

想象一下，教一个对分数很紧张而且把关注点放在取悦老师的学生，和教一个专注于积极提升学习成果的学生之间的差别有多大！用赞德的话说："也难怪我每次上课都满怀热情，因为这是一个全班都拿 A 的班级，还有什么事情，比花一个下午的时间和优秀的学生们相处更让人愉快的呢？"

创造专注

通过对人们表现的毕生研究，克莱蒙特大学（Claremont Graduate University）

教授米哈里·西克森米哈伊指出：当我们的能力能够应对挑战时，我们的表现是最好的。或者说，我们需要足够的挑战让自己保持兴奋，但挑战的难度又不能太高以至于让自己丧失信心。根据西克森米哈伊所说，此时我们最有可能进入一种"心流"状态（flow state）——专注、全身心投入、内在动力被激发出来。在这种状态中，人们能更好地处理事情、更快地学习，而且已经没有了时间和空间的概念。在这种状态下，不管我们做什么，都显得毫不费力。

心流体验

图 3-2 展示了人们处在心流状态时，挑战和能力之间的最佳平衡。

人们对于心流状态的描述大都体现出一种强烈的专注和投入。

一个舞者说："你能完全集中精力。你的思想不会走神，不会想其他无关的事情，而是完全沉浸在当下的事情上……你的能量在顺畅地流动。你会感到轻松、舒服，并且充满活力。"

一位攀岩者说："你完全沉浸在当下所做的事情中，会把自己和当下的活动融为一体。"

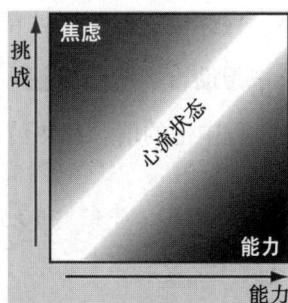

图　3-2

资料来源：改编自西克森米哈伊的
《在无聊与焦虑之外》
（Beyond Boredom & Anxiety）。

一位象棋选手说："专注就像呼吸，你根本不用刻意去想它。即使房顶塌了，如果没有砸到你，你都不会意识到房顶已经塌了。"

当人们把挑战当成一项可以完成的任务时，便会产生一种可以消除干扰的深度专注，心流便与这种深度专注有关。经理和高管们通过让员工处于心流状态，可以有效地提升组织绩效。但是，当管理者过于频繁地给予员工知识或安排过重的任务时，常常会毁了员工的心流状态。如果我们能把挑战分解成人们认为可以完成的任务，然后找到完成任务的一两个关键点并让人们专注在这上面，那么人们就会更容易进入心流状态，从而创造高绩效。这种专注就是我提到的"改变你专注的方面及方式"。

> 当人们处于心流状态时，需要调动内心的全部能量。因此，没有余力去关注让他分心或无关的想法。
>
> 心理学教授、"心流"概念的创造者　米哈里·西克森米哈伊（Mihaly Csikszentmihayi）

让我们看一个例子，以下这段对话来自于我在网球场上教一个叫吉姆（Jim）的学员如何反手击球的经历。在这种情况下，很多事情会产生干扰，比如教练的指令（或学员努力回忆教练的指令），因为这会阻碍选手把关注点放在当下。在你读这段话时，留意我如何利用"把挑战分解为可以完成任务的方法"来帮助吉姆产生专注，消除干扰进而在球场上提升表现的，而且请注意在此过程中他的信念和热情是如何变化的。

艾伦：吉姆，我们有10分钟时间来教你打网球。通过这10分钟的学习，你想达到什么效果？

吉姆：我希望我能成功利用反手击球。

艾伦：你说"利用反手击球"是什么意思？

吉姆：（大笑）打到场地上。

艾伦：打到网对面的任何地方，你是这个意思吗？

吉姆：不是，我希望能打到界内。

艾伦：好的，打过网并在界内。你希望自己能成功完成几次？

吉姆：一半。

艾伦：比如10次能成功5次？

吉姆：是的。

艾伦：好的，现在你能成功打到几次？

吉姆：差不多两三次。

艾伦：也就是说，我们讨论的是把表现提升 60%。

吉姆：是的。

艾伦：你觉得这个目标可行吗？

吉姆：当然。

艾伦：好的，如果我可以帮你 10 次反手击球里有 5 次成功，你就满意了，是吗？

吉姆：那就很棒了。

艾伦：好的，我现在给你抛一些球，让我们看看你现在是否真的能做到 10 次成功 3 次。（我给吉姆抛了 10 个球，有 2 个球他反手击球成功。）

艾伦：现在，你觉得你能打到几个？

吉姆：（笑着）两三次。

艾伦：好，所以 10 次成功 5 次是个可行的目标，是吗？

吉姆：如果你是个好教练的话。

艾伦：（大笑）好，认真点……

吉姆：是的，我希望能做到。

艾伦：当你击球的时候，你都注意哪些东西？你的注意力放在哪儿？

吉姆：我对反手击球没有信心。

艾伦：你怎么知道的？你是怎么感受到你没有信心的？

吉姆：我没看球。

艾伦：我现在多给你抛几个球，然后告诉我，你觉得是什么事情让你意识到没有信心。

吉姆：（多抛了几个球之后）我现在看到球了。

艾伦：好的，你看到了什么，跟我说得再具体些。

吉姆：（继续击球，而且在每击打完一次，就说自己到底看到了什么）好，我能看到球上的线。

艾伦：好，告诉我更多你对线的观察。

吉姆：线的移动变慢了。

艾伦：好的，这次呢？

吉姆：这次快。

艾伦：这次呢？

吉姆：这次慢些。

艾伦：好的，现在当你说快的时候，每次是一样快还是不一样？

吉姆：线的速度有变化，但很难区别清楚。

艾伦：你能给打个分吗？从 1～5，从慢到快。

吉姆：可以，（继续击球和分享感受）这个 5 分（停顿），这个 7 分。

艾伦：好的。

吉姆：这个 8 分（停顿），这个 10 分（这时，吉姆已经能把大部分球打到他希望的落点上）。

艾伦：好的，（我停止了抛球），现在我想了解一下，你对咱们现在所做的训练感觉怎么样？

吉姆：（大笑）我做得好多了！

艾伦：你觉得你成功了多少次？

吉姆：比 5 次要多。

艾伦：是的，我也这么想，我觉得应该是 10 次成功了七八次。

吉姆：太棒了！

艾伦：这是你想要的吗？

吉姆：不，是超出预期的！太感谢了！

　　当一个网球选手努力想提升水平时，他脑子里通常会这么提醒自己："调整你的握拍""脚步移动要准确""提前准备""顺畅地挥拍"。吉姆已经知道这些很重要，他打不好的原因不是他不知道这些知识，而是他忙于回忆着所有他认为自己应该做的动作，而没有去关注球的路线。

> 成功的高尔夫球选手不是那些知道球杆应该放在哪里的人，而是那些知道把球打到哪里的人。
>
> 职业高尔夫球选手　大卫·费尔提（David Feherty）

当我们把大的挑战分解为小的可以完成的任务时，吉姆开始把他的关注点放到那些他可以做到的事情上（比如，告诉我他所看到的），他的注意力渐渐地放在了球上，不再努力回忆做什么样的动作才能正确击球。他明确了自己的目标，而且关注他看到的细节。这样就解放了他的潜意识，并让潜意识发挥作用——随时对当下正在发生的事情做出反应。通过改变他专注的方向，吉姆在短短的十分钟内就超越了自己期望的 66% 的提升。他的专注提升了他的信念和热情，通过不断按照这种方法来练习专注，吉姆就能学得更快。经过一段时间的学习，他就会发挥得更加稳定。

专注的重要影响

正是专注这条原理，让我能够安全度过在南针峰的一天，我意识到如果把关注点放在那些让我心生恐惧的事情上，我就会有大麻烦。因此，我决定把注意力放在前面队友的脚印上，直到有人说"我们到了！"，我才把眼睛从前面的脚印上移开。盯住前面队友的脚印是我有信心能做到的事情，只有这么做，害怕从山上掉下去的想法才慢慢从我脑海中消失，我的信念和热情才会提升。最终，我终于成功下山。现在无论什么时候，只要我开始感到害怕，那天在南针峰的经历就会浮现在脑海中。因此，我相信：如果能够改变关注的内容和方式，即使感到恐惧，我还是能时时刻刻地保持信念和热情。

专注可以帮助我们在人生的方方面面提升表现。我的一位朋友是一个很有天赋的小提琴家，他在做了几年交响乐团指挥之后，决定重操旧业。在重新开始拉小提琴时，他遇到了一些困难。因为长久缺乏练习，琴技荒疏。在练习的时候，他发现自己有时会紧张地发抖。我们在一起回顾一盘音乐会的录影带，他在音乐会上演奏了帕格尼尼（Paganini）协奏曲。在我们看的过程中，我发现他闭上眼睛完全沉浸在音乐当中，显然这时干扰已经消失了。从这以后，他开始运用专注来提升自己的演奏水平。首先，他专注于颤抖，他认识到颤抖是因为自己的呼吸方式不正确，所以他改变了呼吸方式；然后，专注于自己的目标，当他问自己"我是真的想演奏吗？"他意识到：虽然现在遇到一些困难，但是演奏是他这辈子想做的事。所以，当他练习时，会更多地专注在音乐上。当他专注在音乐上时，不但重拾了信心，并且重新找到了演奏的快乐。

因为专注的方法对他产生了重大的影响，现在他开始用这种方法教他的学生。他最近告诉我："当达到了小提琴演奏的最高水平时，大多数表演者可以演奏任何曲子。因此，归根结底在于：训练自己的头脑保持专注，这样才能有信心在适当的时间做好正确的事情，你的天赋才会表现出来"。

除了对提升个人表现有效之外，专注的原则对于各种团队和公司的绩效提升也是有效的。举个例子，在公司里，让人们专注在一些影响绩效的关键因素上，可以帮大家摆脱很多干扰因素，如政治斗争、抱怨、相互中伤和争地盘等。这样可以帮助人们释放信念和热情，促进知识的应用，把公司变成真正的学习型组织。在婚姻和家庭中，专注在一些去实现共同目标的关键因素上，会让夫妻双方消除很多干扰因素，如争吵、指责和专横控制等。信念会重建，热情会重新点燃，家庭也会更加团结。

不管我们面对的是组织、音乐、运动、学业还是家庭，原理是一样的。当你努力去提升自己的表现或帮助他人进步时，潜力总会被干扰所阻碍，我们可以通过专注来消除干扰。所以，我们面对的挑战在于，找到一个可靠且系统性的方法来创造专注，进而消除干扰。

问题与思考

✔ 回想你表现特别好时的情况和你表现不好时的情况，对比这两种情况，在每种情况中：

　✓ 你把注意力放在哪些"自我对话"或"故事"上？

　✓ 这些"自我对话"或"故事"代表了你怎样的想法？

　✓ 这些"自我对话"或"故事"如何影响你的热情？

✔ 什么样的恐惧会对你产生干扰？这些恐惧会在多大程度上阻碍你的表现？这些恐惧对你表现的具体影响是什么？

✔ 回到本章提到的西克森米哈伊模型，回想这些情景：

　✓ 毫无挑战，感到无趣时。

　✓ 挑战过大时。

　✓ 自信和挑战匹配时。

你做什么可以平衡好能力和挑战？这将如何影响你的表现？

✔ 在本章的教练对话中，吉姆通过专注在球上进而提升了自己的反手击球水平。你专注在什么上可以提升你在以下几个方面的表现？

　✓ 工作中，做一次演讲？

　✓ 作为父母，和你的孩子进行一次谈话？

　✓ 作为学生，参加一门功课的考试？

　✓ 在你生活的其他方面？

第3章　一个能帮助你的练习
找出关键因素，并且专注其中
请登录网上社区：www.Alan-Fine.com

第二部分

流　程

第4章
利用 GROW 模型创造专注

专家是指一个知道该注意以及忽略什么，从而更容易做出决定与判断的人。

英国心理学家、医师、作家与顾问　爱德华·德·博诺（Edward de Bono）

人的耳朵能听到的音符数量是有限的。我们每个人能听到的音符都是一样的，但是一个随便在钢琴上乱弹的 5 岁孩子和一个能演奏经典协奏曲的钢琴家之间的演奏水平，还是有很大差距的。钢琴家知道的音符，孩子也知道，并没有什么秘密音符。真正的秘密并不在音符上，而在于演奏这些音符的顺序和方式上。所以，如果没有一套有效的流程来帮你学习掌握如何以合适的顺序和最佳的方式来演奏，那么即使有演奏音乐需要的所有乐器，你还是不会演奏。

同样的道理也适用于创造专注的流程。你也许有所有必需的工具，但是如果没有一套简单易行、可重复使用的流程作为基础来创造专注，你就无法专注。你的表现将不断受到干扰的影响，而且信念、热情和专注也会被破坏。

在本章中，我们将一起来学习一套可以帮你创造专注的流程，并重点讨论如何在对人们表现有很大影响的决策方面应用这一流程。不管你是在想办法提高演奏莫扎特协奏曲的水平、提升管理水平、增加公司的利润、打造一支销售团队、健身、改进打高尔夫球的挥杆动作，还是要做一个好父母，这都是很重要的。你处理这些问题时所做的决策，将在很大程度上影响表现的提升。

换句话说：每一种表现（或结果）都是行动产生的，每一个行动都是决策产生的。

$$决策 \rightarrow 行动 \rightarrow 结果$$

因此，如果我们能更快、更准地决策，我们就能更有效地得到想要的结果。

$$快速且准确的决策 \rightarrow 有效的行动 \rightarrow 提升的结果$$

我把决策、行动和结果三者之间的变化关系称为"决策速度"（decision velocity™）。在像网球或高尔夫球这样的运动中，"挥动速度"是指挥拍或挥杆的速度和方向，它可以控制球的速度和方向。显然，你击球越快越准，你赢的可能性就越大。速度和精准度的结合对于决策也有相同的影响，决策又进而影响我们在各个方面的表现。

速度和精准度对于结果同样重要。当我们做了快速却不够准确的决策时，我们出错的概率就大；当我们做了准确的决策，但速度特别慢时，可能就失去了宝贵的时间和机会，很多时候对手已经抢占了先机。显然，我们决策时越快越准，就能越快速有效地提升表现。因此，问题的关键在于：如何创造专注来提升"决策速度"并产生突破性的结果？我们可以通过 GROW 模型来实现。

GROW 模型

20 年前，我有幸和格雷厄姆·亚历山大（Graham Alexander）以及约翰·惠特摩爵士（Sir John Whitemore）（他们是我过去在"内在游戏"公司时的同事）一起工作，并共同发展出了一套流程——GROW，这套流程现在已经被全球的高管教练和组织设计专家广为使用。GROW 模型是一个引领人们更好地做出决策的地图，它提供了一种简单易行的方法来帮助人们在生活的各个方面创造专注，减少干扰并最终提升表现。因为我们已经认识到了知识、信念、热情和专注对于表现的重要性，我现在把表现模型放在 GROW 模型的核心位置（见图 4-1）。

让我们来看看如何使用 GROW 模型。无论什么时候，我们做决策最终都会经历这四个阶段。我们一起来看看下面四个关键方面：

目标（Goal）：我们想做的事。

现状（Reality）：我们所面对的状况（或我们认为的状况）。

方案（Options）：我们如何从现状到目标。

行动（Way Forward）：我们想采取的行动。

图 4-1

但是，通常我们不会按照这个顺序来思考每个方面。我们可能从现状开始（哦，我太不会照顾自己了！我吃垃圾食品，而且不健身），然后想到目标（我真的想改掉我的坏习惯，这样我能感觉好点），然后跑到方案上（也许我该买些健身器材），然后再回到现状（不，我没地方放，而且健身器材很贵），然后再回到方案（我知道了，我可以去健身房办个健身卡，约翰几个月前就办了一个，现在他看上去很精神），然后再回到现状（但是健身卡是一年的，我不知道我能不能坚持一年，如果我不能，那就浪费了不少钱。另外，我什么时间去呢？我工作太忙了，连陪家人的时间都没有），然后又回到目标（也许我可以只把吃得健康些作为目标），然后再次回到现状（但是这太难了！我的胃口这么好。当我出差的时候，我很难买到健康食品。啊！我真不知道该怎么办了）。最后，我们只能把这个事情先放在一边（我看还是明天再想想吧）。

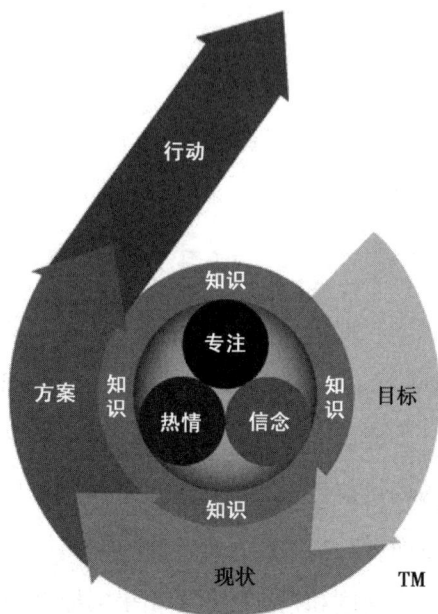

我们的想法在这四个方面到处乱窜（见图 4-2）。这就像在棒球比赛上，我们试图通过跑完所有的垒来赢得比赛，这不是不可能，但是难度太大了，并且这么大的难度会让我们丧失信念和热情。

但是，如果我们能按照一定的顺序和方法专注在这四个阶段上，就可以大大减少干扰，增加我们决策的速度和精准度，从而提升表现（见图 4-3）。

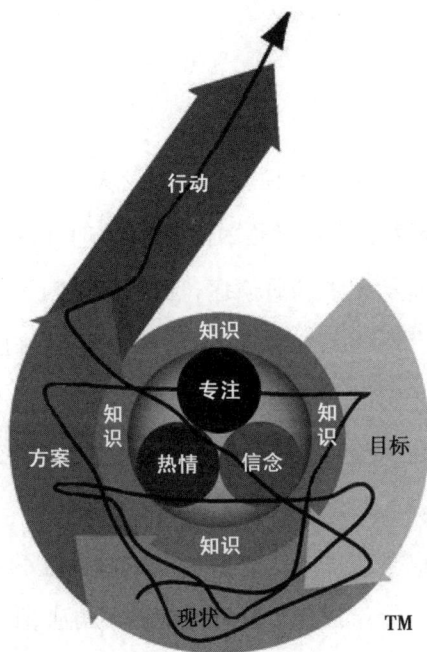 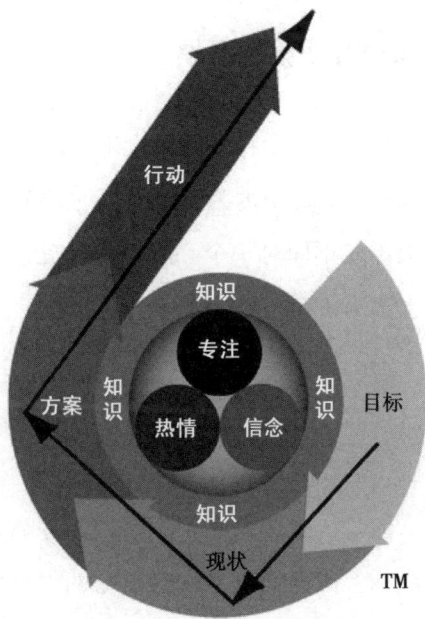

图　4-2　　　　　　　　　　　　图　4-3

和西克森米哈伊的"心流模型"在原理是相通的，GROW 模型能够帮助我们按照"目标→现状→方案→行动"的顺序逐一专注在这四个方面，从而把挑战分解成难度较小并可完成的任务。首先，我们专注在"目标"上：我想实现或达到的目标是什么？其次，把注意力放在"现状"上：澄清当前的状况，到目前为止我们所做的努力和得到的结果，识别出面临的阻碍，并重新评估自己的目标是否现实。再次，我们专注于"方案"：我们可以通过头脑风暴似的思想活动想出各种能达成目标的方法。在这个过程中，不要做评判，让各种方法都涌现出来之后，我们再评估这些方案，判断哪些方案可行，哪些方案能激发我们的信念（我们相信自己可以成功）和热情（我们对正在做的事情感到激动）。最后，我们专注于"行动"：判断哪些方案是最佳行动方案，并推进以实现我们的目标。通过逐一有序地集中精力在 GROW 的每个阶段，就帮助我们增强了信念、热情和专注。

克服公开演讲的恐惧

我分享一个自己的案例来展示如何运用 GROW 模型。过去我从不喜欢公开演讲，可能是因为我从童年时起就很害羞；也可能是因为我 11 岁时在网球场上不得不面对一个一米八几的壮汉对手所留下的后遗症；还可能是因为我 21 岁那年试着去教一群女士打网球，结果舌头打结，连一个字都说不出来所带来的心理阴影。（那次，我紧张到觉得脑袋快要爆炸一样，以至于我不得不让这群女士再去打几个球，这样我可以利用这个空档调整自己。）不管是什么原因，但我就是害怕当众说话。

但是，我知道如果想要成为一名自己理想中的优秀教练，我就不得不当众讲话。因此，我专注在自己的"目标"上：我想要的就是能够不再害怕当众讲话。接下来我专注在"现状"上：害怕干扰着我。一个声音在我脑海里不停地说："他们在评价你，他们觉得你是个十足的傻瓜。他们根本没听你讲，而且还在嘲笑你。"这时，我就会全身紧张，思路被打乱，脑子里越拼命想找到有什么办法来可以改变当前的状况，嘴里说出的话就越没有逻辑和道理。所以，我专注在"方案"上：我头脑风暴想出了各种方法，从播放事先录好的演讲稿到想象每个观众都只穿着内衣（这是某些演讲顾问给我出的馊主意），再到放弃或换个职业。

最后，我决定在采取"行动"时，专注在两个方面上。一个方面是我的站姿，我知道当自己发挥不错时，我会站直而且姿态自信。当我站姿不佳时，我能感觉到观众会变得不耐烦，看到他们相互看看，开始东张西望，然后我就会更害怕，因为我相信大事不妙了。这是一个恶性循环，我想打破这种循环。我知道不管发生什么，至少我可以控制自己的站姿。因此，我觉得一定要确保自己保持一个好的站姿，这样我在大家面前看上去就总是很自信。(顶尖的运动员已经会利用专注在姿势的方法来提升成绩了。)

另一方面，我把专注点放在坐在房间前排的一两个"微笑者"身上。在每个群体中，好像总有一些人会自然地表现出一种热情、放松、积极的情绪。当他们点头和微笑时，我就感觉特别好，而且这让我很放松。因此，我决定把和他们交流作为每一次演讲的开始，就像他们是我唯一的观众一样。一旦我渐入佳境，觉得越来越自如时，我就把视线逐渐扩展到其他人，最后覆盖全场，甚至那些"刺儿头"，这时我已经做好准备，让他们接受我。

从根本上讲，我改变了自己关注的方面。我不再关注"在一大群人面前讲话(对我来说，这是一件让我害怕的事)"这件事，而是专注在"站直并且简单地和一两个友善的观众交谈"上，因为这些是我可以做到的。专注在自己可以控制的事情上增强了我的信念，进而增加了我的热情，从而帮助我大幅提升了演讲的表现。

经过这些年，我已经把 GROW 模型应用到各个方面：从在商业和运动方面提升表现，到成为一个更好的父母或个人教练……从当我身无分文时解决生计问题，到我第一次婚姻破裂时，消除自己那些自我伤害的想法。(为什么会发展到这个地步？这不公平！为什么她会这么做？其他人会怎么说？我很孤独！我能找到新的另一半吗？)我甚至用这个方法来帮自己克服在回家的飞机上阑尾出问题时的疼痛。(我的目标是什么？现状是怎样的？我的方法是什么？最好的行动是什么？)

GROW 模型加快了"决策速度"，减少了干扰，澄清了思路，明确了方法，而且把挑战分解为一系列可完成的任务。GROW 释放了信念、热情和专注，让人们自如地运用他们已有的知识。

GROW 模型的其他应用

　　GROW 模型可以用来改善各个方面的决策：从决定公司的战略，到搞清楚如何做一个好父母，或如何计划你一天的安排。这不是什么高科技，也不是什么革命性的新方法或诺贝尔奖式的发现（见表 4-1）。

　　人们一直在设定目标，理清现状，找出方案和决定行动。GROW 模型只是给了我们一个更加有序且系统性的方法来帮我们优化以前做事的方法。事实上，就是因为我们对"目标／现状／方案／行动"这些都很熟悉，所以才让 GROW 模型运用起来更加实用和简单。甚至当问题确实是和缺乏知识有关时，GROW 模型也可以提供一个可操作的流程来创造专注，减少干扰，而且可以让我们更有效地获取和运用知识。

表 4-1　GROW 模型的应用举例

买　　房	制　定　战　略
目标（Goal）：有更多房间可住 现状（Reality）：住在小公寓里 方案（Options）：研究有哪些房子在售，定出选房标准 行动（Way Forward）：选定房子，办理贷款	目标（Goal）：制定"使命／愿景" 现状（Reality）：SWOT 分析，关键因素分析，力场分析 方案（Options）：各种策略 行动（Way Forward）：制定适合战略的战术
教　育　子　女	绩　效　管　理
目标（Goal）：改善与数学老师的关系 现状（Reality）：孩子刚换了一个班级，感到学习吃力 方案（Options）：找老师沟通，请教务主任给些建议 行动（Way Forward）：找老师和教务主任沟通	目标（Goal）：制订绩效提升计划 现状（Reality）：绩效不佳，想提升绩效 方案（Options）：列出可以提升绩效的行动清单 行动（Way Forward）：制订行动计划并达成共识
销　　售	健　康　管　理
目标（Goal）：与目标客户建立联系 现状（Reality）：了解客户目标和现状 方案（Options）：和客户一起找到帮助他们达成目标的方案 行动（Way Forward）：帮助他们选择正确的产品	目标（Goal）：制订保持健康的计划 现状（Reality）：目前身体状况的报告 方案（Options）：治疗和改变生活方式 行动（Way Forward）：开始行动，定期检查

　　几年前，我遇到一个在一家小型培训公司任职的区域销售经理，他在工

作中运用了 GROW 模型来解决问题。在他加入这家公司的第二年，他的业绩目标从 70 万美元提高到了 80 万美元。实际上，这是一个很难实现的目标，因为当时的经济形势很差，并且他们的一个大客户决定取消所有的培训课程。按照客户的采购流程，通常需要花 6 ～ 24 个月的时间才能和新客户建立起合作关系。因此，这个销售经理一直绞尽脑汁想办法找到新的业绩来源来实现自己的业绩目标。

就在他开始和上司一起运用头脑风暴想办法时，他突然有了一些突破性的想法。多年来他一直秉持的销售理念是：把一个客户的培训课程完成之后，他就会把这个客户放到一边，开始去找新的客户。但是，今天他突然开始悟到了另一种可能的销售理念：专注在已有客户上，和他们深度合作，这样就可以做更多生意。他的方案清单如下：

- ✔ 请合作伙伴把他介绍给他们的客户。
- ✔ 请客户转介绍新的客户，包括公司内部的同事。
- ✔ 推荐试验课程。
- ✔ 用已有讲师的社交网络来扩大影响和挖掘需求。
- ✔ 开展讲师推广活动或网上研讨会。

他的行动计划包括：把他的客户整理成一份清单，并且专注在一些能产生大收益的关键客户身上。他对可能的收获感到很兴奋，并开始了行动。但是随后就遇到了一些麻烦：他被不断地干扰，最后才意识到计划受阻了。因此，他决定用 GROW 模型来解决问题。他的目标是确保计划可行。实际上，他是一个喜欢能把计划看得一目了然的人，但他目前所用的工具（计划表、清单和客户关系管理系统）都不能做到一目了然。在运用头脑风暴找方案的过程中，他意识到在墙上加一块大白板把整个计划一目了然地呈现出来，对他理解整个事情的进展会很有帮助，他马上开始行动。最后事实证明：对他来说，这是一个很大的突破。不管什么时候（伏案工作、打电话或思考），他都能随时看到白板，马上提醒自己的专注点应该在哪儿。这位经理告诉我：

通过运用 GROW 模型，我达到了 80 万美元的业绩目标，还超出了 1.1 万美元。即便在当前严峻的经济形势下，当一个大客户要砍掉一些培训项目时，我们的项目还是被客户保留了。实际上，大部分客户都把和我们合作的培训预算加倍了。有趣的是，在我决定专注在现有的关键客户之前，有一个客户和我们之间的合作生意已经开始走下坡路了。如果不是我们及时加强对这个客户的关注，我们可能就和他们没有任何合作关系了。

GROW 模型的问题列表

经过多年在各个领域运用 GROW 模型，我找到了在每个阶段能够帮助人们澄清想法的好问题。以下是问题列表：

目标（Goal）

✔ 我想解决什么问题？
✔ 通过利用 GROW 模型，我想得到什么结果？（我的 SMART 目标是什么？）
✔ 如果我不采取行动，会有什么后果？

现状（Reality）

✔ 简言之，现在的情况是怎样的？
✔ 我做了哪些努力？结果怎么样？
✔ 对我来说，障碍是什么？对别人呢？（如果别人与此事也相关的话）
✔ 别人会用什么不同的方式来描述现状？
✔ 我的目标是否可行？

方案（Options）

✔ 想象一下，我可以做什么来推进这个问题的解决？
✔ 如果别人加入进来，他们需要看到或听到什么，才能引起他们的关注？
✔ 反思自己解决这个问题的过程，我该如何改进？
✔ 有没有哪些方案是我特别感兴趣需要进一步深入思考的？

✔ 如果根据目前的这些方案开始行动，我该怎么做？

行动（Way Forward）

✔ 哪些方案是我觉得不错并想采取行动的？
✔ 我该怎么做？
✔ 我的阻碍是什么？
✔ 我下一步该做什么？什么时候开始？

作为一名新任经理，艾里克和我分享了他是如何运用这些方法来解决他培训公司里一个难题的（你可以在附录 A 找到他对每个 GROW 模型问题的详细思考）。当艾里克加入该公司时，他的一个主要任务就是扩大公司的销售业绩。他很高兴能有斯科特这位顶尖的业务拓展经理帮他。斯科特自己在每次课程推荐活动中都能邀请到 30 ～ 60 个人来参加，而其他公司做同样工作的业务拓展经理一次活动只能邀请到 10 ～ 15 个人。公司薪酬激励体系鼓励斯科特创造出尽可能多的销售线索，但是很多时候因为推荐活动产生的新销售线索太多，销售经理们根本没有精力来跟进。根据斯科特的绩效表现，公司付给他的薪水是该岗位行业平均薪水的三倍。理论上，目前的制度应该能让斯科特给公司带来比现在更多的销售业绩。但是，随着公司课程种类的不断增加，需要做的课程推荐活动越来越多，因此大家开始担心，这样下去会把斯科特累垮。

艾里克的目标是搞清楚怎么才能既为他们的区域销售经理提供合适数量（数量够多，同时精力能够负担得起）的销售线索，同时又不让一个优秀的业务拓展经理承担过重的工作。当他在"目标"阶段用 GROW 模型提供的参考问题进行思考时，他意识到：不采取行动是不行的，他必须解决目前的问题。在"现状"阶段，他发现这种课程推荐活动已经成为公司发现新销售线索的主要来源，而且斯科特在安排这些活动方面做了 90% 的工作（换句话说，如果斯科特发生车祸或有什么意外，整个公司将陷入一场灾难。）他还发现：追求业务增长的挑战、公司薪酬体系的问题以及斯科特"亲力亲为"的做事方式，都使得斯科特的经验很难被复制。面对如此严峻的现实，艾里克通过头脑风暴找到了以下一些方案：

- ✔ 除了课程推荐活动之外，建立新的销售线索产生来源。
- ✔ 告诉斯科特他只能安排一定数量的课程推荐活动；如果他想挣得更多，可以去做客户经理。
- ✔ 和斯科特好好聊聊并且学习他的长处。
- ✔ 和斯科特的同事好好聊聊，并且找到他们在工作上纠结的原因。
- ✔ 通过把斯科特正在做的一些手工工作（如建立清单和助理等工作）分配出去，帮助他提升效率。
- ✔ 调整公司薪酬体系，让斯科特的工作比较均衡地照顾到所有区域。
- ✔ 请教公司以外一些自己开公司的同行朋友，搞清楚相同职位的人该做什么，听听他们的建议。

最后，他决定把行动分为两步走。第一步，他会马上和其他公司进行对比，了解调整斯科特薪资的可能性，找到一些方法（使用软件让流程自动化或由助理协助）来帮助斯科特提高效率。第二步，未来他打算制定更加有效的市场策略，并招聘一个市场总监来管理多出来的销售线索拓展活动，包括展会、网络研讨会、邮寄广告资料等。艾里克说：

> 在我和其他公司的朋友沟通对比之后，我发现大部分公司要 2～3 个人才能实施一次课程推荐活动，但他们每次也只能邀请到 10～15 个人来参加。我认识到：给斯科特三倍的平均薪资，要比给三个平均水平员工的薪水、奖金和福利等加起来要划算多了，而且三个员工都还远远达不到斯科特一个人的水平。

在和斯科特的沟通中，我了解到他真的特别热爱自己的工作，不想做其他岗位的工作，但他想多挣点钱。我们一起找到了一个共赢的薪资方案，可以激励他在合理人数范围内做好每次活动，然后再做下一场活动。虽然不用每次活动都邀请特别多的人来参加，但是他有提高收入的空间。为了实现这一目标，斯科特同意把一些自己亲力亲为做的事情分配出去。我们招聘了一个助理来帮他，这样每天可以帮他空出 3 个小时的时间来，也可以大幅增加他打电话邀请客户的数量。

这样一来，斯科特继续保持着很高的工作绩效，并且他现在能覆盖所有的 7 个区域了。他在每次活动中安排 30 ～ 45 个人参加，因此每个区域都能有很成功的活动来增加销售线索了。斯科特因为收入增加而开心，而且通过他安排的活动所增加的销售业绩也让他更激动。

避免常见的错误

不管问题是复杂的（就像艾里克遇到的）还是简单的（怎样做好演讲或时间管理），GROW 模型都可以提供一种简单易行的方式，来加快你的决策速度并提升表现。多年来，我发现了可以帮你避免常见错误的一些关键点。

1. 目标（Goal）: 确保目标 SMART

符合 SMART 标准的目标才是有效的目标。SMART 即具体（Specific）、有意义（Meaningful）、可操作（Actionable）、实际（Realistic）和有时限（Time-phased）。并不是每个目标都要满足这五个方面，但是每次通过这五个方面对目标进行衡量，你可以确保目标符合那些有用并且重要的标准，这样就能帮助你更好地处理当前的问题。很多"目标"因为含糊不清而无法落地。

SMART

SMART 的缩写可以有很多变化，包括以下几个方面：

- S—具体的（Specific）、重要的（Significant）、延展的（Stretching）

- M—可衡量的（Measurable）、有意义的（Meaningful）、有激励的（Motivational）

- A—同意的（Agreed upon）、可获得的（Attainable）、可达成的（Achievable）、可接受的（Acceptable）、行动导向的（Action-oriented）

- R—符合实际（Realistic）、相关的（Relevant）、合理的（Reasonable）、有报酬的（Rewarding）、结果导向的（Result-oriented）

- T—有时限（Time-phased）、及时的（Timely）、明确的（Tangible）、可追踪的（Trackable）

不管用哪些词，目的都是为了帮助人们对目标的理解更加深入。

通常，一个 SMART 目标需要一个可操作的行动计划来解决问题。但是，很多时候人们忘了目标应该是接下来马上需要做的事。

2. 现状（Reality）：了解现状要真实准确

我们在解决问题时，容易陷入我们认为的现实中。（我老板很专横而且苛刻，我所有的问题都是他引起的！除此之外，其他团队成员也都不承担自己应该分担的工作！）我们很少从其他可能的视角来看问题。

事实上，我们每个人在看待现状时都不能做到完全客观。我们往往都只从自己的角度来看问题。但是如果我们能花些时间来分析自己的想法，质疑我们内心的假设，努力去从其他角度拓展思考，会有更大的机会找到潜在的方案和真正管用的行动计划。

为了检验我们对现状认识的准确程度，觉察我们内心潜在的假设是个很有帮助的方法，尤其是当我们的想法中包括有指责和负面的念头时（例如，这都是他的错！我什么也做不了）。在多数情况下，通过问自己："我做了哪些事情之后，反而带来了更多问题？"我们可以对自己、对现状有更真实的认识。

弗雷泽螺旋

看图 4-4，你找到螺旋了吗？

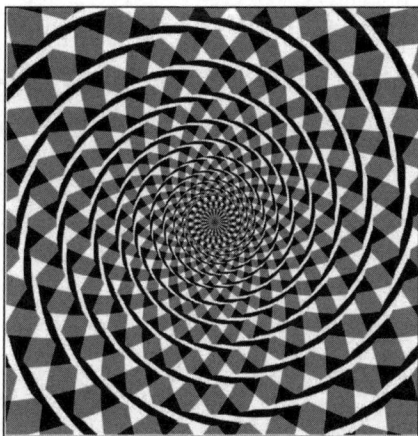

图　4-4

如果你找到了，你最好还是再看一遍。用你的手指沿着螺旋的任意一条线移动，你会发现自己看到的其实是一系列同心圆。

3. 方案（Options）：要做到真正的头脑风暴

头脑风暴最重要的规则是"不做评判，让所有的想法都呈现出来"。当我们贸然去对一个想法下判断或做评论时，我们就破坏了头脑风暴的流程。结果，人们会进入防备模式，而且头脑风暴所需的热情和势头也被破坏了。这么做会扼杀创意。相反，当我们能不做评判时，就创造了一个有助于协同并相互启发好想法的环境。一个不可行的想法常常会引出另一个可行的想法。头脑风暴的意义就是让自己跳出框框来思考。也就是说，除非所有的想法都呈现出来，否则别做出评判。

4. 行动（Way Forward）：确保也符合 SMART

如果行动计划很模糊或不明确，你就不可能有效执行。因此，再次使用

SMART 原则可以确保你的行动计划是可行的，还可以确保你选择关注的方面是可以增强你的信念和激发你的热情的。

在利用 GROW 模型过程中，很多人发现：让一个教练（可以是朋友、伙伴或家人）来帮助自己是很有价值的，尤其当你要澄清对现实的认识，或听取别人对潜在方案的意见时。在接下来的两个章节，我们会着重讨论如何通过 GROW 模型来指导他人提升表现。

问题与思考

- ✔ 你做出快速、准确决策的能力会怎样影响你在工作或生活中的表现？
- ✔ 在做决策时，你容易在哪个方面偏离轨道？
  - 目标不够清晰
  - 现实情况了解得不够全面
  - 头脑风暴不够充分
  - 行动计划不符合 SMART 原则
- ✔ 你会在生活中的哪些方面避免做出决定？具体是什么情况？你会在哪个方面遇到阻力（目标、现实、方案、行动）？
- ✔ 在什么情况下，你会因为太快或太冲动，而做出不准确的决定？具体情况是什么？你忽略了 GROW 模型的哪个方面（目标、现实、方案、行动）？

第4章　一个能帮助你的练习
运用GROW模型，做出更快更准确的决策
请登录网上社区：www.Alan-Fine.com

第 5 章
突破型教练对话

作为教练（老师或父母）的一个挑战就是要知道：
改变的最终动力来自于被教练的人，而不是教练。

作家、教授、顾问和企业教练 马歇尔·戈德史密斯（Marshall Goldsmith）

假设你是全球排名第 65 位的高尔夫球选手。想象一下，有数百万人正在观看你和全球排名第一的选手在一场职业高尔夫球比洞赛的第一回合比赛，会是什么情景？在比赛之前的采访中，你评论了对方，而你的评论被媒体渲染成了对对方的嘲笑，你说："任何事情都有可能发生，尤其是他打球的落点。"结果，你输给了对方，事实上还输了不少。你能想象媒体（或其他人）会怎么评价你的表现吗？还有关于你之前的评论？

这是真实发生在职业选手斯蒂芬·阿莫斯（Stephen Ames）身上的事。在 2006 年 2 月加州举行的世界高尔夫球比洞赛（World Match Play Event）上，斯蒂芬以 "8 和 9" 的成绩输给了老虎·伍兹，而创造了纪录（这也是可能出现的最差结果了）。不出意料，记者对阿莫斯的表现更是火上浇油，在赛后采访中，记者问伍兹 "当斯蒂芬·阿莫斯对你一番评价之后，你想对他说些什么？"伍兹只是简单回应道："8 和 9"。

让我们把时间快进到一个月后的高尔夫球五大赛事之一——球员锦标赛（Tournament Players Championship, TPC）的最后一轮比赛上。在比赛中，斯蒂芬·阿莫斯和全球最强的 50 位选手（也包括老虎·伍兹）同场竞技。这次斯蒂芬·阿莫斯赢得很漂亮，比第二名少了 6 杆，比伍兹少了 15 杆。结果，他拿走了当时高尔夫球史上最多的奖金 144 万美元。

斯蒂芬怎么会改变这么大？斯蒂芬·阿莫斯是如何从令人尴尬的失败中恢复过来的？又是如何在一个月后以巨大的优势在难度非常高的索格拉斯（Sawgrass）球场上赢得比赛的？索格拉斯球场位于在佛罗里达庞特维德拉海滩（Ponte Vedra Beach），向来以风大、水坑多和果岭坡度大而闻名。他是通过运用本书的方法成功胜出的。

在本章中，我们将学习如何运用 GROW 模型来帮助他人创造突破性的表现。因此，我们会用"教练"（coaching）这个词来描述一个人影响另一个人时的互动，包括体育教练和运动员之间的，父母和孩子之间的，经理和员工之间的，老师和学生之间的。我们用"执行者"（performer）这个词来定义教练想影响和帮助的对象。当我们探讨"由内到外"方法时，提前理解这些关键词可以帮助我们跳出传统的教练情景来思考。

少即是多

对于前面所说的比赛，我作为斯蒂芬·阿莫斯的教练和他一起准备了这次比赛。我们的目标是制定出帮助他进入"心流"状态并保持每一洞都有高水平发挥的策略。那次比赛，斯蒂芬的球童是他的弟弟罗伯特（Robert）。事实上，为了做一个合格的球童，罗伯特专注在告诉斯蒂芬球的击球码数、给他选杆的建议上，并帮助他研究如何更好地推球进洞等方面。他一直在做球童应该做的事，因为他坚信这是帮助兄弟的最好方式，而且他也很有热情把事情做好。但问题是，罗伯特的各种建议，虽然对很多选手来说是准确且有帮助的，但是却无意中形成了对斯蒂芬的干扰。斯蒂芬过于关注罗伯特给他的各种建议，导致他开始怀疑自己的直觉。结果，他的信念开始动摇，对所做事情的热情开始衰减。

> 我只是走过去做好每一次挥杆，确保我很清楚而且专注在我正在做的事情上。不去提前为结果担心……而且所有的事情都如我希望的一样达成了。
>
> 高尔夫球选手　斯蒂芬·阿莫斯（Stephen Ames）

斯蒂芬和我都知道，为了更好地发挥，他需要内心的平静。为了实现这一点，他需要专注在自己可以控制并且能提升成效的事情上。我们考虑了各种方法，但是最后选择的行动方案必须得到罗伯特的支持。我们决定：第一，让斯蒂芬告诉罗伯特自己计划如何打好每一杆。如果斯蒂芬没能具体说出自己打算怎么打某一杆，罗伯特将不让他挥杆，直到斯蒂芬想清楚为止。第二，让斯蒂芬用手描述每一次挥杆，然后告诉罗伯特，当他挥杆时会专注在什么上。如果你看过这场比赛的转播，就会看到斯蒂芬和罗伯特经常一起交流，而且当他们讨论时，斯蒂芬会用手比划。你也会听到评论员说："斯蒂芬在今天早上的报纸上说，他希望罗伯特帮他画一幅图，然后让他自己（斯蒂芬）来拿主意。""你看斯蒂芬和他的兄弟兼球童罗伯特配合得多好……罗伯特是一位右手挥杆的好手……他已经完全参与到斯蒂芬的比赛中了。""斯蒂芬和罗伯特正在一起度过一段美好时光，不是吗？""很好，他们就像一个团队，配合得很棒！"斯蒂芬和罗伯特的水平都很高，而且对比赛有着丰富的经验。当他们每一次转移关注点时，他们都能加强对自己和彼此的信心，这样就让他们所做的事更加有热情，并且获得了突破性的结果。

在这个案例中，"少"即是"多"。作为斯蒂芬的教练之一，我没有教他怎么握杆、怎么挥杆或击球。我在比赛前所做的以及罗伯特在球场上所做的都是，帮助斯蒂芬专注在他每一杆的目标上，然后专注在能打出好球的某一个关键因素上。这种"由内到外"的方法帮助斯蒂芬释放了自己的信念、热情和专注，并且去做自己已经知道怎么能做好的事情。这也让罗伯特能更好地帮助斯蒂芬取得这次非凡的胜利。

什么是教练?

帮助他人提升表现的做法通常被称为教练。这是一个古老的概念,从人类开始帮助他人时就有了。

商 业 教 练

在商业领域,高管教练(executive coach)从 20 世纪 80 年代就开始流行了。但是当时都是以外包形式进行的,而且往往被公司从负面的角度来看待:作为对那些工作表现不达预期的高管们进行的一种挽救性帮助。在 20 世纪 90 年代,这种"挽救型"的看法开始消失,而且商业教练也变得更加被大家认可。一些组织开始建立标准化教练认证课程。花几千美金和 3 ～ 18 个月不等的时间,你就可以从很多机构拿到教练证书。

现在更受欢迎的观点是管理者就是教练。事实上,现在教练已经被看作管理工作的一部分了。根据 BlessingWhite 公司的研究报告:"有 78% 的管理者认同教练是他们公司里很重要的一项工作。理由是:培养管理人才、保留高绩效员工、加强沟通和绩效管理的需要……有 91% 左右的管理者告诉我们,他们'喜欢'或'热爱'教练员工。"

另一些正在发展的趋势是在组织中创建"教练文化",但是很多组织目前还做不到,因为他们没有把教练的职责明确归于管理者,或者缺乏有效的激励。

不管我们是体育教练、高管教练、经理、老师或父母,给他人做教练都能给我们带来很大的成就感。但是我们应该时刻提醒自己教练他人的意义。我们教练他人是为了产生结果,而且如果我们做的不能对结果产生有价值的、积极的和可衡量的影响,那么基本上我们是在浪费大家的时间和金钱。回顾过去，我意识到，当我努力教"10 倍女孩"或其他人打网球时，我很多次也无意中浪费了执行者的时间。结果，别人付钱给我们让我们来阻碍他们的学习（或他们孩子的学习），我们还乐此不疲，因为我们相信自己做得很对。但是我们所做的并没有让对方取得突破性结果，而且更不幸的是，很多教练的思想还停留在告诉执行者怎么做就能取得突破性表现上。事实上，知识的缺乏让我们摆脱不了这种想法，尤其当我们有一定头衔时（经理、高管、教练和父母等），因为当今社会，头衔往往代表着你是专家。

现在人们打着教练的旗号做着各种事情，从咨询到顾问，再到导师制等。绝大多数方法都是来源于"由外到内"的理念，这些方法倾向于强调"教练"认为执行者应该做什么或关注什么，而不是执行者能做什么或关注什么。从 GROW 模型的角度来看，这些方法代表着基于教练对现实的评估，以及他对下一步行动计划的想法。在第 1 章中，我提到有的时候这种方法也管用，尤其是在以下四个条件都具备的情况下：

- ✔ 教练知道给执行者的建议是对的。
- ✔ 教练能够用一种让执行者感兴趣的方式来给出指导建议。
- ✔ 执行者对教练的指导感兴趣，而且希望得到教练的指导。
- ✔ 执行者有足够的经验去运用教练的指导。

但是，由于以下原因，这四个条件同时存在的情况很少见（见表 5-1）。

表　5-1

当教练试着让执行者去配合他们做他们认为有用的事时……	……"高水平执行者"一般不采用和普通人一样的方法。因此，许多教练并不真正知道什么样的建议对高水平执行者有用
虽然有些教练非常杰出……	……但是他们有的时候无法用一种执行者听得懂的方式来和对方交流
当执行者真的很想学习时……	他们往往更倾向于专注于模仿一个受欢迎的模仿对象，而不是完全信任教练的能力
当执行者按照教练的指令执行时……	……他们对教练的理解程度不同，很有可能他们认为自己做对了，但实际上根本没有达到教练要求，这样他们就不能正确的按照教练的指令执行

因为这四种情况很少同时出现，所以"由外到内"的教练方式常常会对执行者产生干扰而不是帮助他们提升表现。让我们一起来看一个例子。很多年前，一个很偶然的机会，我被一家英格兰高尔夫球杂志邀请去给他们所办的高尔夫球学校讲讲高尔夫球心理学。我的任务只是讲讲课，不用带着执行者们下场打球。

但是第三天下午下课的时候，杂志主编把我拉到一边问我是否可以去球场指导一下一对老夫妇打球，这对老夫妇想把打高尔夫球作为他们退休以后的个人爱好。当我来到球场看到这对老夫妇时，我发现老先生垂头丧气，老太太眼睛里含着眼泪。当我在一旁看他们挥杆时，我发现老先生努力想把球打出一条直线，但球还是飘忽不定。老太太大多数时间都打不到球，偶尔能擦到球。

我问他们教练都教了他们什么时，他们告诉我怎么握杆、怎么站立和怎么转身等这些基本动作。这些的确是需要练习的基本内容，但是光练习这些肯定不会让人开心的。因此，我开始教老太太，我说："在接下来的几分钟里，你能先暂时忘掉你一直在努力练习的东西吗？"她说可以。然后，在6次挥杆之内，她开始能把球打到空中了。她很激动，因为至少自己开始能把球打出去了。当老太太内心平静下来之后，她的肌肉更放松了，回到了让她感觉最舒服的状态。现在她不但能打到球，而且很开心。接下来，我们进一步讨论了如何用一种更加有效的握杆方法。

对我来说，这是非常重要的一课，它让我明白了用正确的方式在合适的时间交给对方知识的重要性。如果用产生干扰的方式来传授知识，就会阻碍对方的信念、热情和专注，自然就不会带来积极的效果。

"由内到外"的方法

"由内到外"的方法让我们用一种截然不同的方式来思考教练的本质。这种方式的重点不在于提供额外的知识，而在于激发执行者与生俱来的，但是被干扰因素所压抑的信念、热情和专注。这种方法不是用对错等标准来评判执行者，而是去激发他们内在已经具有的东西。这种方法的关键在于消除干扰，为执行者创造一个安全环境让他们敢于去探索各种可能性，并帮助他们迈出第一步。

因此，运用"由内到外"方法的教练总是从人们的知识、信念、热情和专注这几个方面来分析他们的表现。他会经常思考："从信念、热情和专注这几个角度来看，他哪个方面比较欠缺？干扰是什么？我怎么帮他消除干扰？"

"教练"这个概念来自于 15 世纪的欧洲。那时" coach"一词被用来形容一种把有地位的人从所在地拉到目的地的马车。在那个年代，有地位的人往往是指那些有足够的钱能付得起路费的人。以我的经验，最优秀的教练会把他服务的对象看作非常重要并值得尊重的人，即使他们要和对方进行很困难的对话，或对方身上有一些他们不喜欢的东西。

教练的由来

"长途马车"（coach）一词是以一个匈牙利小村庄——科克斯（Kocs）命名的。那里建造、出产品质很高的货车、运货马车以及载客马车……这些车辆可以运载两个以上的客人，并能尽可能在当时颠簸的路上为客人提供舒适的服务（见图 5-1）。

在这些马车中，最好的一种在匈牙利语里叫 Kocsiszeker，指来自科克斯的马车。德语国家中的维也纳也开始称这种马车为库撒（Kutsche），指

图　5-1

的就是匈牙利的科克斯小镇。这些马车后来出现在巴黎，法国人将这个名字改成了 coche。后来又到了罗马，从过去到现在这种马车在意大利语里都是 cocchio。最后英文借用这个来指这种交通工具，称之为 coach。

那么，匈牙利的马车名称是如何被用在体育教练上的呢？有两种说法……

一种说法认为，"教练"首先是带领学生学习各种课程的指导老师。他带着学生上课，就像在 18 世纪一辆由四匹马拉的马车把一个家庭送到伦敦，这是最广为接受的说法。

另一种在英国的说法是，有钱的绅士们搭马车，在乡间出差公干，或在往临近城市长途旅行时，让他们的仆人在旅行中读书给他们听。家庭教师可能也会一起上路，帮孩子们学习，或者读书给孩子们听。这些孩子就在乡间旅行时，接受学习方面的"教练"的指导。从一个学业上的"教练"到一个体育教练，差别并不大。这些体育教练，比如足球或篮球教练，由于拥有丰富的经验和专业知识，可以向球员们示范一些在某项体育运动上能带来很好表现的技能。

以上词源的使用获得了比尔·卡瑟曼（Bill Casselman）的授权，出自加拿大今日字词与世界字词（Canadian Word of the Day & Words of the World），网站为：www.billcasselman.com。

把客人从"所在地"带到他们想去的"目的地"，就要求教练要从执行者的角度来看待问题。教练很容易被自己认为执行者应该关注什么的想法带入误区，以致于忽略了从执行者的角度看他们实际关注什么。对教练来说，一定要进入执行者的世界，从他的角度来看待问题。如果教练发现执行者的视角过于局限，那么他还要帮助执行者拓展视野。

想想那些空难电影的情节，飞行员受伤而无法再继续驾驶飞机，这时乘客不得不代为驾驶飞机落地。这时，空管人员不会说："好的，你要通过高度指示器将飞机拉平，每分钟下降 500 英尺，然后放下机翼，做好降落的设定。"而是说："好的，你看到了什么？"乘客会说："我看到面前有一个大大的，像轮盘一样的东西。"空管会继续说："好，抓住那个轮盘一样的东西，慢慢拉起，然后向左转一点点"空管必须从乘客的视角来看，才能有效地帮助乘客，否则就会机毁人亡。作为教练也是一样，透过执行者的视角来进行教练才是正确的方法。

从员工的角度来看工作

在《首先，打破一切常规》(*First, Break All the Rules*) 一书中，盖洛普的顾问马库斯·白金汉 (Marcus Buckingham) 和柯特·科夫曼 (Curt Coffman) 花了 25 年对 100 多万名员工进行了访谈，然后总结出了用来衡量吸引和保留高绩效员工的关键因素的 12 个问题。这 12 个问题是：

1. 我知道对我的工作要求吗？

2. 我有做好自己的工作所需要的材料和工具吗？

3. 在工作中，我每天有机会做我最擅长做的事吗？

4. 在过去的 7 天里，我因工作出色而得到过认可和赞扬吗？

5. 上司或同事关心我吗？

6. 在工作中，有人鼓励我成长和发展吗？

7. 在工作中，我的建议被重视吗？

8. 公司的愿景和使命是否让我觉得自己的工作很重要？

9. 我的同事努力做好本职工作吗？

10. 我在工作上有没有好朋友？

11. 在过去 6 个月里，有没有人和我讨论我在工作中的进步？

12. 过去一年里，我在工作上有没有成长和学习的机会？

通过这些问题，明智的经理和高管可以从员工的角度来看待工作，从而更加有效地帮助员工提升绩效。如同白金汉和科夫曼所发现的："那些对这 12 个问题有比较积极回应的员工，往往是在那些有着高生产率、利润、员工忠诚度及客户满意度的公司工作。"

"由内到外"式的教练不是只为执行者提供知识，而是训练他们专注。即使需要解决的问题和增加知识有关，这种方法也可以帮助执行者专注在知识使用效率最高的行动上。这种方法不是直接帮助执行者解决问题，而是为他们自己解决自己的问题提供帮助。这种方法帮助执行者担起解决问题的责任。

因此，虽然教练在使用"由内到外"方法的过程中会提供一些关键知识，但他的首要目标是，帮助执行者专注在当下，并从当下的体验中学习，从而让执行者认识到"由内到外"方法的精髓。教练消除的干扰越多，执行者学习得就越快。这种看似很小的教练理念的变化会使执行者在行动和结果上产生巨大的变化，而且带人们"从所在地到他们想去的目的地"这句话会激发执行者的承诺或热情。

> 一家吝于给予员工承诺的企业根本无法和一家乐于跟员工分享的企业相比。
>
> 赛氏公司执行总裁　里卡多·塞姆勒（Ricardo Semler）

教练的责任

因为我原先是一位体育教练，所以对研究体育教练和商业教练的区别很感兴趣。在体育界，当一个运动员或团队表现不佳时，教练会被开除。因为体育教练的工作就是帮助运动员提高成绩。但是在商界，当公司的员工表现不佳时，会发生什么？"教练"（即上司）会开除运动员（即员工）！为什么会有这么大的差别？如果他的员工表现不佳，管理者应该承担什么责任？如果管理者只是简单粗暴地开除表现不佳的员工，我们为什么还要叫他教练？

这就带来了一个很有意思的问题：到底教练的责任是什么？谁最终该为绩效负责？是教练还是员工？从"由外到内"的角度来看，教练应该为此承担责任，因为教练是专家，他们知道该怎么做。员工的角色只是听从并执行教练的指令，但是这么一来对结果负责的人就成了教练，而不是员工。

从"由内到外"的角度来看，员工要担起责任，他们要为结果负责。教练把重点放在帮员工消除干扰上。为什么？因为根据人们表现的本质来说，教练能做的最有效的一件事，尤其是在一开始的时候，就是提升员工的信念、热情和专注，从而消除干扰。如果教练不能消除干扰，员工就很难掌握教练传授的知识。只要员工被干扰所阻碍，即便他们已经具备了相关知识，也不能很有效地运用知识，达成结果。

管理者和员工之间最难的对话往往就是"责任"对话。因为这些对话涉及让人们为自己的表现承担责任，所以很难进行。人们经常有意无意地逃避责任：员工努力把责任推到老板身上，学生努力把责任推到老师身上，孩子会把责任推到父母身上。毕竟，当你不用承担责任时，生活看起来会轻松一些。

谁的背上有猴子

在《管理时刻：谁的背上有猴子？》（*Management Time：Who's Got the Monkey*）（《哈佛商业评论》最受欢迎的两篇文章之一）一文中，威廉·安肯（William Oncken）和唐纳德·沃斯（Donald L. Wass）用一个非常形象并让人难忘的比喻来形容公司里非常常见的责任转移现象。当一个下属带着问题来找经理时（"我遇到了一个问题"），经理会说："让我想想，我稍后告诉你。"这就像一只猴子（责任）从下属的背上跳到了经理的背上。如果一天中经理用这种方式来处理 6 个员工的问题，那么今天就有 6 只吵闹的猴子留在了他的办公室，让经理不得安宁。与此同时，下属却轻松地走开了！

根据"由内到外"的教练理念，责任应该由执行者承担。教练的工作是消除干扰，帮助执行者设定 SMART 目标，理清现状，找出方案并制订有效的行动计划。这是一种让执行者担起责任的方式。因此，教练要持续：

✔ 关注目标与现状的差距。

✔ 找出表现三要素（信念、热情和专注）被阻碍的原因。

✔ 帮助执行者找出他们应该关注的方面以克服这些阻碍。

✔ 帮助执行者找到可行的行动方案，并完全投入去做。

最后，作为经理或父母，教练并不是你的全部工作。但是当我们努力帮助他人提升表现时，教练会是一种有效的工具。作为教练，有以下三个关键问题需要你铭记在心，时刻提醒自己。

✔ 谁是主角——是我？还是执行者？

✔ 当我说的时候，谁的需求被满足——是我？还是执行者？

✔ 我是在消除干扰还是在增加干扰？

"由内到外"的教练对话

我们该如何进行教练？作为教练，我们去影响执行者的最重要的方式就是对话。开启对话的方式常常取决于执行者有没有意识到问题以及他们通过对话解决问题的意愿。让我们来看图5-2中的这个矩阵图。显而易见，最顺畅的教练对话在右上角象限中，在这个象限的执行者已经意识到了自己的表现有问题，而且愿意甚至渴望来解决问题。这种对话通常发生在当人们参加了网球课程，寻求帮助以提高专业技能或寻求帮助和建议时。这种对话是由执行者主导的，或者说执行者有意愿来主动开启对话，我把这种对话称为"突破型对话"，因为对话的目的是帮助执行者解决问题，实现突破。

相反地，发生在其他三个象限的对话是由教练主导的，教练安排并主动开启对话。我称之为"参与型对话"。这种对话的目的是帮助

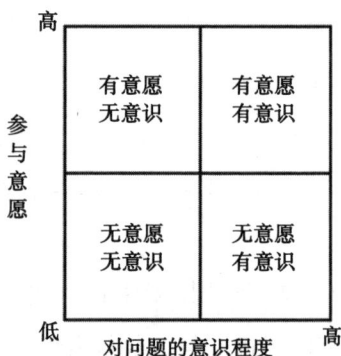

图 5-2　教练对话

执行者意识到问题并愿意解决问题。这很重要，因为只有执行者愿意参与其中，才有可能实现突破。因此，参与型对话对执行者来说是非常有益处的对话，但是也是很有难度的对话，所以这种对话常常被拖延或忽略。用一种简单易行的方法来进行这样的对话，可以大大提升执行者的参与意愿，从而可以帮助执行者实现突破。通过处理这种有难度的对话也可以帮助执行者扩大他们的舒适圈。

在开始阶段，区分清楚是"突破型对话"还是"参与型对话"非常重要。区分的关键在于我们要搞清楚谁一开始提出了问题。在本章中，我们主要聚焦于"突破型对话"。在下一章，我们会详细讨论"参与型对话"。记住，不管是哪种对话，我们都要利用 GROW 模型来处理。

有一些特定的信号可以帮助你快速识别你需要进入执行者主导的对话还是教练主导的对话。当有人寻求你的帮助时，（你能教我学习如何打网球吗？你能帮我搞明白这个吗？我被困住了，你能帮帮我吗？）有这样的信号说明你要进入一个由执行者主导的对话中。执行者有意识也有意愿解决问题，你可以用 GROW 模型来帮对方明确目标、理清现状、找到方案并开始行动。当你有整体安排时，即当你需要让执行者参与到对话中来解决问题时，因为执行者没有意识到问题或没有意愿参与进来解决问题——这就是一种信号。你需要展开我们下一章将详细介绍的教练主导的对话。在执行者真正参与进来之前，教练先主导问题。一旦执行者参与进来，你们就进入到执行者主导的对话中了（见图 5-3）。

关于"突破型对话"的一个好案例就是我之前和吉姆沟通如何提高他反手击球技能的对话（见第 3 章）。我在这里会重复一下当时我们的对话，这次我会重点指出那些教练问题背后的目的是什么。

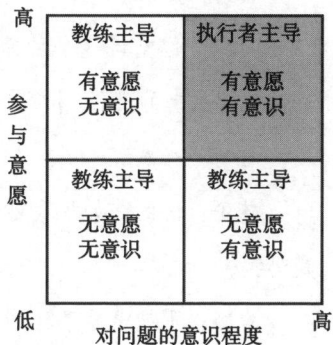

图 5-3　突破型对话

艾伦：吉姆，我们有十分钟时间来教你打网球。通过这十分钟的学习，你想达到什么效果？【我通过请他来明确目标，从而在一开始就很快进入了吉姆的视角。从一开始，对话的安排和责任都是由他承担的。】

吉姆：我希望我能成功利用反手击球。

艾伦：你说"利用反手击球"是什么意思？【为了设定一个 SMART 目标，吉姆需要更加具体。因此，我让他来澄清，请注意下面的问题如何鼓励他把目标具体化的。】

吉姆：（大笑）打到场地上。

艾伦：打到网对面的任何地方，你是这个意思吗？

吉姆：不是，我希望能打到界内。

艾伦：好的，打过网并在界内。你希望自己能成功完成几次？

吉姆：一半。

艾伦：比如 10 次能成功 5 次？

吉姆：是的。

艾伦：好的，现在你能成功打到几次？【为了确保有一个更加实际的目标，我们进入到现状阶段。同时，我也了解了他的信念如何。】

吉姆：差不多两三次。

艾伦：也就是说，我们讨论的是把表现提升 60%。

吉姆：是的。

艾伦：你觉得这个目标可行吗？【注意：这里没有评判，只是问问题。这让他担起成功的责任。】

吉姆：当然。

艾伦：好的，如果我可以帮你 10 次反手击球里有 5 次成功，你就满意了，是吗？

吉姆：那就很棒了。

艾伦：好的，我现在给你抛一些球，让我们看看你现在是否真的能做到

10 次成功 3 次。(我给吉姆抛了 10 个球,有 2 个球他反手击球成功)。【我们仍
然在现状阶段,我这么做是为了检查吉姆对现状的理解准不准确。我给他抛了
10 个球,他把 2 个球打到了他希望的落点上。】

艾伦:现在,你觉得你能打到几个?

吉姆:(笑着)两三次。【所以,吉姆的理解是准确的。】

艾伦:好,所以 10 次成功 5 次是个可行的目标,是吗?【定目标的责任还
是在吉姆身上。】

吉姆:如果你是个好教练的话。【吉姆试着把责任推给我。】

艾伦:(大笑)好,认真点……【我很巧妙地把责任还给他。】

吉姆:是的,我希望能做到。

艾伦:当你击球的时候,你注意到哪些东西?你的注意力放在哪儿?【注
意:这里我们继续透过吉姆的视角来看待目前的状况,而不是我的视角。这对
于最大化地提升表现是很关键的。】

吉姆:我对反手击球没有信心。【这不是我期望的答案。】

艾伦:你怎么知道的?你是怎么感受到你没有信心的?【我们把吉姆关注
的东西更加具体化。我努力把他无形的感觉变成更加具体的东西。】

吉姆:我没看球。

艾伦:我现在多给你抛几个球,然后告诉我,你觉得是什么事情让你意识
到没有信心。

吉姆:(多抛了几个球之后)我现在在看到球了。【这是吉姆的视角——让我
知道他在关注什么。】

艾伦:好的,你看到了什么,跟我说得再具体些。【我们越来越具体化。】

吉姆:(继续击球,而且在每击打完一次,就说自己到底看到了什么)好,
我能看到球上的线。

艾伦:好,告诉我更多你对线的观察。【通过询问更多细节让吉姆更加
专注。】

吉姆：线的移动变慢了。

艾伦：好的，这次呢？

吉姆：这次快。

艾伦：这次呢？

吉姆：这次慢些。

艾伦：好的，现在当你说快的时候，每次是一样快还是也不一样？

吉姆：线的速度有变化，但很难区别清楚。

艾伦：你能给打个分吗？从 1～5，从慢到快。【我还是不由自主地揽下了责任，提供了给球速打分的建议。如果我请吉姆自己想出一个衡量球速的方法会更好。】

吉姆：可以，（继续击球和分享感受）这个 5 分（停顿），这个 7 分。

艾伦：好的。

吉姆：这个 8 分（停顿），这个 10 分（这时，吉姆已经能把大部分球打到他希望的落点上）。【在这段对话中，我努力做到不管什么时候都不评判吉姆所做的是"对"还是"错"，是"好"还是"坏"。即使当我让他用"1～5"来给球速打分，结果他开始说"7、8、10"时，我也没有评判。我不能通过指出这个小错误来给他增加干扰。】

艾伦：好的，（我停止了抛球），现在我想了解一下，你对咱们现在所做的训练感觉怎么样？【责任和评论都属于吉姆。】

吉姆：（大笑）我做的好多了！【这是一个明显的信号，证明吉姆的热情增加了。】

艾伦：你觉得你成功了多少次？

吉姆：比 5 次要多。

艾伦：是的，我也这么想，我觉得应该是 10 次成功了七八次。

吉姆：太棒了！

艾伦：这是你想要的吗？【我再次确认他是成果的责任人。】

　　吉姆：不，是超出预期的！太感谢了！

　　吉姆的表现提升幅度确实超过了他希望的 60%，而且我没有给他技术性指导。我做的所有事情就是帮他消除干扰，集中注意力，让他沉浸在自己的信念、热情和专注当中。因此，他可以从自己当下的体验中学习到很多东西。

　　在网球方面，我恰好是这方面知识的专家。我很清楚吉姆需要做什么来提升他的反手技术。我完全可以告诉他："脚要站在这个位置""这样握拍""眼睛盯着球"。但是如果我这么做，我就要对结果负责，因为是我告诉他该怎么做的。而且，吉姆也会从当下的体验中分心。他可能会脑子里一直想着我的指令，而不能专注在当下与球的互动中。这样下去，很有可能他的信念会动摇，热情会减弱，因为他一直在努力听从我的指令而不是主动发挥。

　　另外，吉姆会依赖我告诉他下一步该做什么，也会依赖我来评判他的表现。我们可以看到这种现象会出现在各种场合，包括在公司和团队中。当经理只是简单告知员工该做什么（这种情况很常见）时，员工往往对结果缺乏参与感和责任感，而且能力也没有什么提升。"由外到内"方法最主要的一种信号就是员工不停地问经理该做什么。

　　利用"由内到外"的方法，吉姆会对自己的体验有意愿，会负责并且很专注，而且他的表现有了大幅的提升。仅仅是通过改变吉姆的关注点，我们就能提升他的表现。因此，他的信念增强了，热情增加了。另外，他找到了一种没有我的帮助也可以提升自己表现的方法。

领导力在神经科学领域的研究成果

　　神经领域的研究学者杰佛里·施瓦茨（Dr. Jeffery Schwartz）博士和顾问大卫·洛克（David Rock）进行的科学研究显示：像"由内到外"这种方法，对于信念、热情和专注会产生可衡量的生理影响。

　　他们发现，大脑扫描活动显示出人们思考方式的重大不同。根据他们的研究，提供建议或告诉对方你大脑里会做的事是帮助别人最常见的做法。由于人们的思考方式不同，这种帮助别人的方法"在促成改变上非常没有效率。"他们发现，"想要让建议有用，这些建议必须从内在发起，而非被以结论的形式传授给他人。"当人们体验到自己的深入思考时，会让大脑活动瞬间释放出很高的能量。它会释放肾上腺素以及多巴胺等物质，创造出新的大脑回路。"由于人们的深入思考制造了这些新的回路，因此人们会更兴奋，并希望按照这些回路去做。所以，重点不是'沟通、沟通、沟通'；而是'促成联结、促成联结、促成联结'。"施瓦茨和洛克表示："集中注意力的行为会带来脑部化学以及生理的变化。一段时间之后，对某一个大脑联结给予足够的关注，会使得相关的大脑回路通畅，保持持续的生命力。这些回路最后不仅仅是化学联结，而是在大脑结构中构建了稳定的生理变化……这种力量来自'专注'！"

另一个突破型对话案例：金妮的新工作

在帮助吉姆改善网球技术的案例中，我们只用了 GROW 模型的前两步（目标和现状），因为吉姆是马上就展开行动的。这种在教练体育技能方面很常见。但是当人们并不是马上行动的时候，方案和行动就变得很重要了。让我们来看一个包括 GROW 模型四阶段的完整突破型对话。

以下的对话来自我之前的一次商业教练的经历。这位叫金妮的女士之前在一所大学里做行政工作，刚刚加入了一家医疗公司，但是最近一直为工作上的事情所困扰。在这个案例中，我不是这方面的专家。在此之前，我也没见过金妮。我不知道她被什么所困扰，而且我对在一家医疗公司工作是什么情况一无所知。但是为了帮她自己解决问题，我不需要成为这方面的专家，我需要的是帮助她消除干扰，创造专注。

会谈实际上只进行了 16 分钟。当你读对话的时候，你会看到 GROW 模型是如何展开的，而且会看到这对于金妮的信念、热情和专注带来的影响。虽然你不了解金妮工作的具体细节，但是我们这里运用的方法适用于各种情况，而且能在大多数教练对话中帮助你。

在运用 GROW 模型过程中，我会标出每个步骤，以便你可以看明白GROW 模型是如何一步步进行的。而且我已经在整个过程中做了一些从教练角度的说明。我特别在我用了"同理倾听"（有时又被称为"主动式"或"深度倾听"）的地方做了标记。教练可以用这种倾听方式来真诚地尝试去认同和理解执行者的观点——不是必须同意，但是要求理解，然后通过自己的话来复述执行者所说的意思，来表示对执行者的理解。然后，执行者就有机会来确认或纠正教练的理解。因此，同理倾听会让执行者有机会可以反思自己的想法，而且会加强双方的参与度。用这种方法可以消除执行者被倾听需求所产生的干扰，因为如果执行者的这种需求不能被满足，大多数执行者是没办法把教练的话听进去的。同理倾听是表现教练对执行者尊重的重要方式，其他方式还有"询问许可"和"真诚"。

三种教练对话中表达尊重的方法

同理倾听：你对我很重要，我想真正了解你的观点，无论我赞同与否。

询问许可：我尊重你选择的权利。

真诚：我很尊重你，因此不会对你说谎或对你有所保留，即使我所说的可能会让你或我感到不自在。

让我们来看看我和金妮的对话。

目标（Goal）

艾伦：金妮，我们大约有 15 分钟时间来讨论。在接下来的 15 分钟里，你想得到什么？【这个问题很清晰地说明目标是由执行者来设定的，而且时间安

排可以帮助对方建立专注。】

金妮：我想要一个能让我从现状中做出改变的计划、策略或方法。

艾伦：所以，如果我们能找到让你准备采取行动的方法，这就是一次有用的会谈了。【这是我第一次用同理倾听。我复述了金妮所说的话以确保我理解了她，同时确保让她感到我理解她。我通过倾听来确保目标符合 SMART（以后运用同理倾听时，我会用"*"标出）。】

金妮：是的。

艾伦：好的，如果咱俩交谈过程中我做些笔记，你同意吗？这么做可以让我不跑题，而且如果你想要，谈完我可以给你。【询问许可同时提前说明我做笔记的原因以示尊重，消除可能的干扰，并营造安全氛围。】

金妮：好的。

现状（Reality）

艾伦：现在，简要地跟我说说现状吧。【"简要地"提醒对方我们的时间。因为没有太多的时间了解细节，而且我不需要所有细节才能帮她解决自己的问题。】

金妮：我有份新工作，已经干了三个月。在入职两个月之后，我被提升为一个团队的经理。因此，我不但要做我原来入职时的工作，还要对团队负责。

艾伦：好的。所以你最近一个月在做团队工作的同时，还要做之前的工作？【*同理倾听。】

金妮：是的。

艾伦：作为团队经理，你需要对团队负责。【*同理倾听。】

金妮：没错。工作的步调很快，我最近太忙了，时间完全不够用。有些员工需要我花很多时间关注，而其他员工工作根本不投入，而且我的职位对于其他团队成员的薪酬、奖金和很多事情都很关键。我根本不可能把所有的方面都管理好。

艾伦：所以我听到的是，你一直把大量的时间花在去做你认为对团队正确的事，同时还要做好你自己的本职工作上。【＊同理倾听。】

金妮：没错。

艾伦：好的。为了解决这个问题，到目前为止你都做了什么？【她对这个问题的回答可以指引我们来思考方案，以防止我们在原地踏步。】

金妮：一开始我先把所有的事情都揽了下来，做了很多事。后来，我又把所有的事情都放在了一边，对员工说："你们得处理这些事，我相信你们肯定能处理好。"这样反复了很多次。

艾伦：所以，一开始你包揽了所有的事情，后来又什么都不做，反复了几次。【＊同理倾听。】

金妮：是的。所以员工们觉得很难搞清楚我的工作风格是怎样的。

艾伦：好，员工一直对你的工作方式很迷惑。【＊同理倾听。】

金妮：是的。

艾伦：你还做了什么？【"还有什么？"是一个可以反复使用的好问题，通过运用这个问题可以让对方加深对现状的认识。（以后在本段对话中使用这个问题，我圈出来）】

金妮：什么也没做，只是试着挨过每一天，希望事情能自己变好。

艾伦：好的，还有吗？

金妮：没了，大概就是这样。

艾伦：好的，这些方法带来什么改变吗？

金妮：改变微乎其微，但我知道长期来看这是个问题，我只是在逃避。

艾伦：那么，对你来说，是什么东西阻碍了你解决这个问题呢？

金妮：我没有足够的时间做所有我想做的事情。也许是我没有分清楚哪些是需要做的事，哪些是我认为需要做的事。

艾伦：好的，你没有足够的时间，没有理顺任务的先后顺序。【＊同理倾听。】

金妮：是的，还有我的整个的角色是什么，我也没有想清楚。

艾伦：对你来说，⟨还有其他阻碍吗？⟩

金妮：这个工作本身要求高，而且强度很大。即使我计划好了一天的工作，但是只要我一进公司就会冒出来很多突发事件需要处理，打乱我的计划，有时要花上好几天时间才能将原来计划的事情做完。

艾伦：因此，很多突发事情妨碍了你做计划好的事情。【 * 同理倾听。】⟨还有其他方面的阻碍吗？⟩

金妮：也许是我阻碍了自己。【这句话很有洞察力，金妮开始对自己进行自我觉察了。这种觉察来自于不被打扰的内心的平静。虽然金妮没有从别人那里听到这样的反馈，但是她开始关注自己内心的想法了。】

艾伦：你能帮我解释一下吗？

金妮：我一直犹豫不决，试着决定做些什么，但又没有完整的行动计划。所以，我觉得自己其实浪费了比实际所需的更多的时间和精力。

艾伦：好的，你的团队成员们怎么样？是什么阻碍了他们努力工作？

金妮：其实，我造成了一定的阻碍。我正在经历很痛苦的学习过程，我反复无常的工作方式——至少现在员工们会这么想——可能阻碍了他们的工作。【这也是非常有洞察力的自我觉察。】

艾伦：⟨还有吗？⟩

金妮：我想基本上就这些了。

艾伦：好的。我听到的阻碍是，没有足够的时间，工作优先级不明确，对工作要求高，不断出现突发紧急工作，犹豫不决等使问题更加严重。【 * 同理倾听。】

金妮：是的。

艾伦：对团队来说，你的反复无常是阻碍。【 * 同理倾听。】

金妮：可能还有工作的分配，有一些工作可能分配错了人。

艾伦：好的，我把"分配工作不当"也记下来。【 * 同理倾听。】

方案（Options）

艾伦：现在，你愿意和我花几分钟时间来头脑风暴想想办法吗？

金妮：当然愿意。

艾伦：有时我把这个阶段称为"完美世界"。就是说，我们讨论出来的方案不管多么疯狂都是可以的。因此，如果你愿意，可以提出任何荒谬的想法，也可以提出实际的想法。让我们找到能想到的所有方法。【我想鼓励金妮完全开放地来头脑风暴，不用担心被评判。】

金妮：所以，如果世界是完美的，我会怎么做呢？

艾伦：还有你用的词是很重要的：如果世界是完美的，你可以怎么做？【"如果世界是完美的"有可能成为人们不行动的借口。但是通过重申"你会怎么做？"我们就能保持专注。】

金妮：好的。

艾伦：所以在完美世界中，你会做什么来解决问题？

金妮：我有更多的时间，我能得到更多的帮助。

艾伦：好的。【当金妮想出方法时，我就把这些方法记下来，以便她可以通过回顾这些方法来找到行动计划。】

金妮：我可能得到不同的帮助。也许有一些团队成员就能从不同的方面帮我。

艾伦：好的。更多的时间，更多的帮助，不同的帮助。【*同理倾听。】还有什么？

金妮：我也许可以把电脑带回家来完成一些日常工作，这样我就可以在工作中有更多时间来做决策了。

艾伦：好的，把电脑带回家。【*同理倾听。】

金妮：我也可以（停顿了一下），我们是在完美世界中，对吧？

艾伦：是的。

金妮：(停顿了一会儿) 在完美世界中，我会放权而且让团队成员担起所有工作，我们只需要一直保持着联系就行。

艾伦：好的，你放权，让团队去做事。【*同理倾听。注意：这里没有评判】还有吗?

金妮：我应该对我自己的那部分工作更加熟练。【通过这次完美世界之旅，金妮已经做好了找到更多现实方案的准备。】

艾伦：好的。

金妮：我要改变我们工作的方式，重新分配，然后重新开始。

艾伦：所以，就是……重新开始。【*同理倾听。】

金妮：是的。

艾伦：好。如果现在你是团队成员呢? 你会请金妮怎么来帮你?【我鼓励金妮从团队成员的角度来看待问题。】

金妮：我想我会说："不用管我，我自己来做。但是当我遇到更大阻碍的时候，我会找你帮忙。"

艾伦：所以，他们希望你做的就是放手，只是有时帮忙清除障碍。【*同理倾听。】

金妮：是这么回事。其他人会说："留在我身边，确保我做的没错，而且鼓励我做得不错。"

艾伦：所以，其他人会让你和他们紧密工作，而且给他们认可和鼓励。【*同理倾听。】

金妮：是的。

艾伦：好的，还有吗?

金妮：还有些人会默默地做好自己的工作。

艾伦：好的，就是不管他们?【*同理倾听。】

金妮：差不多。我想团队成员会谈到以上这些。

艾伦：好的，现在如果你站在我的角度上，作为金妮的顾问，你会给自己

什么建议?【我鼓励金妮从另一个角度来思考。】

金妮:哦,这简单。我会列个清单、要耐心、给团队成员一些时间、激发团队士气、不要过度担心我认为需要做的事情。一些工作团队成员可以做得更好。在我来之前,他们已经在做这些工作了。没有我,团队也可以运转,从一开始他们就是一支高绩效的团队。【根据金妮所说的,许多我可能会以教练身份给她的建议,她已经想到了。但是如果这些是从我这里听来的,而不是她自己说出来的,那么她究竟会认可多少以及执行多少?】

艾伦:所以激励士气而且信任他们。【*同理倾听。】好的,还有吗?

金妮:嗯……学习把工作做得更好。

艾伦:还有吗?

金妮:仔细盘点一天的工作并把日常工作放在家里做,这样我就可以有更多的时间跟团队在一起。

艾伦:好的,日常工作在家里做。【*同理倾听。】

金妮:是的。

艾伦:还有吗?

金妮:(停顿了好一会儿)我想这些就是我想告诉自己的。

艾伦:好。听了你说的之后,我也有了一些想法。我能和你分享一下吗?【我在询问许可来分享一些我的想法——再次说明责任在她,而不是我。当她说完所有想法,再分享我的想法会更有效,因为这样可以避免我提供一些她已经知道的方法而浪费时间。】

金妮:好。

艾伦:我的一个建议是,你需要和团队沟通一下,询问他们喜欢用什么样的方式来和你共事。所以,我想我会说:"寻求帮助。"同时问题是"在我的职位上,我该怎样才能更好地帮你们?"【在我之前记下金妮提出的方法的时候,我在本子上留了些空白来写我的建议。在她的想法和我的想法之间画了条线来做区分。】

金妮：好的。

艾伦：另一件你能做的事是用今天我们讨论问题的框架来和团队进行讨论。换句话说，你可以创造一种和团队围绕问题进行讨论的有效的结构化的方式。

金妮：好的。

艾伦：所以，我把"用这个流程"加到清单上。同时，你自己决定这些方法的优先顺序。

金妮：好的。

艾伦：另外，你可以让团队成员之间"互为教练"。你可以教他们一些教练技巧，让他们相互支持。

金妮：这样，大家就不用什么事都找我了。

艾伦：是的。你可以把这当作一种授权的方法。这些就是我想到的。现在让我们来回顾一下我们到目前为止找到的方法。【＊同理倾听。】

金妮：好的。

艾伦：(给金妮看一下清单) 你可以有更多时间，更多耐心，而且给团队些时间，得到更多帮助，激发和信任团队，得到不同的帮助，深入了解自己的工作，把电脑带回家，放手让人们去做他们做的，向团队寻求帮助，对自己的工作更熟练，用今天的流程和团队一起讨论，重新分配工作，授权，重新开始，让团队成员互为教练，对员工放手只是帮他们消除干扰，和员工紧密配合，给更多人认可和鼓励，让另一些人自己做自己的事。这些是我们讨论出来的。【＊同理倾听。】

金妮：好的。

艾伦：现在有哪些你很感兴趣的方法是想进一步讨论的？【对话过程中，我一直在观察金妮的肢体语言，观察她信念和热情变化的一些迹象——她相信什么，哪些方案她会为之兴奋。】

肢体语言

同理倾听并不只是简单地听对方说什么。这种倾听要关注很多方面，比如语气、语调、情绪和肢体语言 – 非语言的信号往往更能反映真实情况。

肢体语言在沟通中所起的作用往往超乎你的想象。在《身体语言密码》(*The Definitive Book of Body Language*) 一书中，皮斯国际（Pease International）的CEO 芭芭拉·皮斯（Babara Pease）和作者亚伦·皮斯（Alan Pease）说道："阿尔伯特·麦拉比恩（Albert Mehrabian）是一位 20 世纪 50 年代研究肢体语言的先驱。他发现文字只能表达一条信息 7% 的意思，声音（包括语气、语调和其他方面）能表达 38% 的意思，肢体语言能表达 55% 的意思……在非语言沟通领域最先开始研究的是人类学家雷·伯德惠斯特尔（Ray Birdwhistell），他称之为动作学（Kinesics）。像麦拉比恩一样，雷发现面对面沟通中语言表达的意思少于 35%，而超过 65% 的意思都是通过非语言方式表达出来的。"

金妮：我想了解"授权"和"互为教练"。

艾伦：好的。授权和互为教练。【*同理倾听。】

艾伦：还有吗？

金妮：我想就这些了。我想在例会上用授权和互为教练，这样我不但可以让团队成员来做我现在做的事，也可以把这些事情放在桌面上，让大家来选他们希望参与的工作。

艾伦：所以，就如我听到的，你会从"寻求帮助"开始。【*同理倾听。】

金妮：是的。

艾伦：好。所以，我们有四件事：带电脑回家，寻求帮助，授权和互为教练。这四件事是你最感兴趣的吗？【*同理倾听。】

金妮：是的。

艾伦：现在如果你计划做这四件事，你打算怎么做？【我在引导金妮关注

更多细节，来帮她评估自己的想法是不是符合实际。】

金妮：把电脑带回家很简单。只要联系信息服务部门，把电脑在家里装好，然后解释一下为什么这么做就可以了。

艾伦：好的。

金妮：团队成员需要了解我们已有的工作任务，然后搞清楚任务需要该由谁来承担。然后在会议上告诉团队。

艾伦：现在，让我来确认一下我是不是理解你说的了。你会做些准备，然后把自己的想法告诉团队，同时在会议上，你会寻求团队帮助。【＊同理倾听。】

金妮：是的。

艾伦：那互为教练呢？

金妮：我打算用同样的方式来做，在会议上把一些工作分出来寻求帮助，然后我用这些工作或任务来练习互为教练。

艾伦：好。我想我听到两件事：首先，你想把三个想法：授权工作、互为教练和寻求帮助，放在一次会议中，而且你会提前做些准备工作，来想想你该怎么处理这些问题。【＊同理倾听。】

金妮：没错。

艾伦：其次，你会联系信息服务部门来解决电脑的问题。【＊同理倾听。】

金妮：是的

行动（Way Forward）

艾伦：现在，这些事情是不是引起了你足够的兴趣，让你想采取行动了？【换句话说，就是有没有激发你的热情？】

金妮：确实。

艾伦：如果你要开始做这些事，在离开这里之后，你第一件需要做的事情是什么？

金妮：认真看看工作任务清单，然后排好优先级。

艾伦：也就是，做些准备。【＊同理倾听。】

金妮：是的。

艾伦：那你打算什么时候开始？【我现在做的是确保她的行动符合SMART。】

金妮：今晚……因为明天早上要开团队会议。所以，我想把这些想法呈现给团队并和他们好好沟通一下。

艾伦：所以，如果我给你打电话让你告诉我今晚的最后一件事或明早的第一件事，你会说什么？【我仔细看她的反应。如果她犹豫，那就说明我还没有帮她把挑战分解为她有能力做到的行动步骤。我正在试探她的热情。】

金妮：如果你明天晚上打电话可能更好，因为我知道事情进展如何以及我会怎么继续做。【金妮充满动力，她担起了责任，因此说："不用了，教练！我有更好的想法！"】

艾伦：好的。

金妮：我白天会联系信息服务部门，这样我就能知道，我是不是可以把电脑带回家。因此，明天晚上，我会有反馈信息，比如整个事情的进展、我的想法以及我想到的下一步计划等。

艾伦：你想让我给你打电话吗？【我在适时地询问许可。】

金妮：好的。我需要一个人来提醒我。

艾伦：好的。我明晚给你打电话。现在让我们来看看你的行动计划。今晚你会做些准备，然后明天一早和团队开会，而且明天要联系信息服务部门【＊同理倾听】。现在，这些就是你想从这次讨论中得到的吗？我记得，你想得到一个关于如何处理"太多要做的事情"和"新接手团队"的问题。

金妮：这是我想要的。

艾伦：你对现在的结果满意吗？【我通过这个问题来看她是不是从这次讨论中得到了自己想要的。】

金妮：我很满意。

艾伦：好的，你想要这些笔记吗？

金妮：好啊，太感谢啦。

艾伦：应该的。

　　这次对话只花了 16 分钟。对话帮助金妮改变她关注的方面，即"进退两难"状况所带来的干扰，包括对自己经验不足的焦虑，需要做的事情太多，对职位的理解不清，时间管理问题以及所有的自我暗示"这个职位很重要，我不能让大家失望""我该如何解决这个问题""我挡了团队的路"通过帮助她把关注点转移到 GROW 模型的每个阶段以及每个阶段的具体问题上，我们能把她面临的巨大困难化解为她相信自己能够应对的挑战。通过改变她的关注点，我们增强了她的信念，也激发了她的热情。

可以运用的 GROW 问题列表

　　下面是我在进行教练对话时经常使用的一些重要问题。当然，还有其他的问题也很有用。但是这些问题被证明在很多情况下都是有效的。尤其当你是一个"由内到外"的新手教练时，我建议你不管在什么情况下先用这些问题。这些问题会帮你用一种建设性的方式来解决大部分问题。

目标（Goal）

- 你想讨论什么话题？

- 你想从这次讨论中得到什么？（你的 SMART 目标是什么？）

- 如果你达不到目标，会产生什么后果？

现状（Reality）

- 简要地说说，现在的情况。

- 到目前为止，你做了哪些尝试？

- 结果怎么样？

- 对你来说，阻碍是什么？对别人呢？（如果别人也参与其中。）

- 目标是否实际可行?

方案(Options)

- 如果你在完美世界中,并且什么都可以做,你会做什么?

- 如果你是别人,听到或看到什么,能引起你的关注?(如果别人也参与其中。)

- 如果你旁观这段对话,你自己有什么建议?

- 你想了解我的建议吗?

- 你对哪些想法感兴趣,想进一步了解?

- 如果你要做,你打算怎么做?

行动(Way Forward)

- 这个方案足够吸引你采取行动吗?

- 你打算怎么做?

- 阻碍是什么?

- 你打算怎么克服阻碍?

- 下一步干什么? 什么时候开始?

不同以往的高水平表现

改变关注点,进而提升执行者的信念和热情,通常可以带来表现的大幅提升。美国一家大型公司的呼叫中心经理最近告诉我,在呼叫中心的 8 个团队中,他的团队表现最差。更糟的是,在他的团队中,一个主管只能带 10 ～ 15 个员工;但是在其他团队中,一个主管可以带 25 ～ 30 个员工。另外,他的员工来跟他抱怨:"主管总是自以为是,他们总是告诉我们要做什么,但不解释原因。但是我们需要了解原因。"在后来的团队会议上,这位经理让主管们学习了 GROW 模型的四个阶段,并且问他们的想法。主管们决定运用 GROW 模型和员工一起工作。两周后,主管们汇报了运用 GROW 模型的成

果。经理说:

> 在那两周当中,每当我巡视呼叫中心的团队时,我就不由得注意到员工脸上表情的变化。之前,当让员工"暂停工作"时(放下电话,主管对其进行单独辅导),他们就摆出一副等着挨骂的样子。但是通过几轮利用GROW模型进行辅导后,员工的感觉更像是"不错!我的主管告诉我进展如何,而且我得到了更多的有用信息!"我不能说这是天翻地覆的变化,但是当你巡视现场观察团队时能马上看得出有所改善。

两周后,经理和主管们一起做了回顾。他说团队在士气方面的提升是惊人的。有一位员工告诉他,主管好像换了一个人一样。她说她也不知道发生了什么,但是她不再被告知该做什么,而是通过问问题让她自己把事情想清楚并得出结论。以前说自己只是打份工的员工现在觉得自己有了职业发展的方向。有些已经向外发简历和参加其他公司面试的员工也不继续在外面寻找工作机会了。他们说自己对现状的工作有兴趣,希望留下来继续干。最让他激动的是,当主管们跟他分享绩效成绩时,他们发现团队在两周内从垫底的位置提升到了第二名!

表5-2展示了"由外到内"与"由内到外"方法的比较。

表 5-2　"由外到内"与"由内到外"方法的比较

由 外 到 内	由 内 到 外
主要给予建议(分享知识)	主要在提问、引导、消除干扰
评判(好坏、对错等)	没有评判(好坏、对错等)
责任在教练	责任在执行者
专注在教练认为应该发生的事情上	专注在实际发生的事情上
开头的沟通会花很少的时间	开头的沟通会多花些时间
教练必须是相关主题的专家	教练不一定是相关主题的专家
容易阻碍创意	容易鼓励创意

另一个在一家跨国公司工作的经理跟我分享了 GROW 模型如何帮助她通过授权一个下属去自己解决问题来提升绩效的案例。她说在培训过她的团队如何使用 GROW 模型后没过多久的一天，她发现了这样一条语音留言："丽萨，我需要你辅导一下我。所以，请你准备一下咱们的沟通。情况大致如下，我的目标是……（对方做了解释），我的现状是……（对方又解释道），我现在能想到的方案是……（对方做了分享）。"然后在很长的停顿之后，对方说："等等，我想我知道我该做什么了。不用担心我了，你不用打电话给我了。"

在本章中，我们讨论了如何运用 GROW 模型来进行"执行者主导"的对话。当执行者意识到了问题而且愿意参与到对话中时，这种对话就会发生。在这种情况下，教练对话通常比较容易进行，而且通常会有很大的成效。

在下一章中，我们将讨论如何在更有难度的"教练主导"的对话中运用 GROW 模型，尤其是执行者没有意识到问题，或者不管意识到与否，他都不愿意参与到对话中来解决问题时。在这些情景中，挑战就从"把重要的人从所在地带到他们想去的目的地"变成了"把重要的人从所在地带到我们想让他去的目的地"。就如我所说的，这种对话是我们会经历的收益最大的对话，但也是我们往往拖延和逃避的，除非我们有一种简单有效的方法可以用来让对话进行。

问题与思考

✔ 在尝试指导或帮助他人时，
   ✓ 你给予建议的频率有多高？
   ✓ 你的建议被采纳的频率有多高？
   ✓ 你特意给出的建议有多少被执行？

✔ 当你给建议时，通常：
   ✓ 你的建议是给对方增加了干扰还是减少了干扰？
   ✓ 你的建议符合谁的需求？是你的还是执行者的？

✔ 你的教练方式对执行者的信念、热情和专注有什么样的长期影响？你怎么知道的？

✔ 在你的工作或生活中，能否用"由内到外"的方法帮助他人积极改变？你会怎么开始使用这个方法？

第5章 一个能帮助你的练习

运用GROW模型和"由内到外"的方法指导他人

请登录网上社区：www.Alan-Fine.com

第 6 章
参与型教练对话

我们的研究显示：紧密的关系、成功的职业发展、卓越的组织和社团都有同样的力量来源——有能力开诚布公地处理好"事关重大、情绪激烈、意见不一"的对话。

出自科里·帕特森（Kerry Patterson）、约瑟夫·格雷尼（Joseph Grenny）、罗恩·麦克米兰（Ron McMillan）、艾尔·史威茨勒（Al Switzler）的《关键对话》（*Crucial Conversations*）一书

尼尔似乎陷入了恶性循环——不来上班，变得越来越沉默，并疏远每个人。我担心他的工作表现，但我更关心他的健康。尼尔不仅是我在生意上的合伙人，而且从我来到美国以来他一直都是我最好的朋友。他和我一样喜欢英式幽默，尤其是我们都喜欢《巨蟒》（*Monty Python*，一部英国喜剧）。

我知道尼尔压力很大。因为我们对公司进行了一些调整，这让他产生了误解，而且认为我们是针对他的，所以他觉得自己的贡献不再被认可了。另外，他在个人以及家庭生活方面也遇到了一些棘手的问题。以我对尼尔的了解，我知道他是不会和我说这些事情的，他宁愿把这些事情藏在心里，然后自己默默地去解决。但是他目前的行为确实已经影响了他的工作、各种人际关系（生活和工作上的）、他的健康以及他的心态。然而这样不能解决任何问题，反而让事情变得越来越糟。

说实话，我不愿意和尼尔说这些。基于过去的经验，我知道他很了解如何激怒我，而且很擅长这么做。我知道面对他肯定会让我们双方都感到

痛苦，而且会对我造成很大的干扰。我也为这种进退两难的困境而纠结。我知道作为公司的创始人，跟尼尔说"尼尔，我们需要谈谈"是合情合理的，但是考虑到其他方面，尤其是涉及我们之间很多个人方面的问题，我就开始犹豫不决了——作为朋友，跟尼尔说"尼尔，我们需要谈谈"符合情理吗？

我觉得告诉别人怎么生活不是我的责任，而且在帮助尼尔看清他的选择以及选择带来的后果方面，我就不更知道自己该做什么了。我考虑了很多，最后我不得不扪心自问："如果任由事情继续下去，什么也不做，我能受得了吗？""我能对自己说：'艾伦，你已经尽力了'吗？"我想来想去，答案都是否定的。一旦我想清楚了这一点，我就不再纠结了。我问自己："好的，我想把事情解决到什么程度？"

我最后决定，除非尼尔报警让警察把我带走，否则我会坚持和他谈一谈，而且如果他不愿意主动和我谈，我就去他家而且待着不走，直到他愿意和我谈为止。一开始尼尔极力想打发我，他提出了各种不方便和我谈的借口。我告诉他这些借口对我没用。他可以现在不和我谈，但是如果他三天内不找个时间和我谈的话，我还是会来他家找他。当我说这些的时候，他就极力想激怒我："你这么运营公司是不对的。""你越过界限了！""你没有权力来干涉我的个人生活。"我感到自己被攻击了，开始紧张，想要防卫，想去攻击他。但是我知道如果我这么做就产生了干扰，妨碍了我和尼尔的沟通以及对他的帮助。

因此，我让尼尔尽情表达他对现状的看法，大部分时间我都不说话，我只是听着并简单回应："是，我听着呢。"有时我会补充几句："不过，我的看法不太一样。"当他对我发泄情绪时，我会说："你这么说是你的权利。但是不管同意不同意，咱们都需要好好聊聊。因为我很在乎，这也是我的权利。这不只和你有关，也和我有关。我真的相信和我聊聊对你有好处，即使你不相信，我还是得为自己这么做，如果我不做，我就无法面对这件事。"

尼尔意识到我的确在乎他，而且我也赶不走。他咆哮、大吼、骂脏话或想玩消失，这些都无济于事。他唯一可以赶走我的方式就是叫警察。总之，我就是不走，而且要和他好好谈谈。

最后，我们谈了。实际上，我们进行了一次很难忘的对话。我事先用GROW模型做了些准备，以便我明确自己的目标，尽可能减少我自己的干扰。然后，用同样的方式来帮助尼尔减少阻碍他的干扰。我进行了很多次同理倾听。我努力去了解他的原因并让他知道我理解他，即使我并不同意。我多次肯定了他以及他在公司中的作用。

这样，尼尔感受到了足够的安全感，走出了害怕被评判的心理阴影。他把关注点从责备和防卫转移到了他所思考和经历的事情上。他说："好的，我是做了一些决定，而且这就是结果。我怎么想的？也许还有其他更好的方式可以带来更好的选择和结果。"当尼尔专注在正在发生的事情上时，我看到他面临的干扰开始消失，他的信念和热情开始被激发出来。他能看到其他可能的方法，然后找到一个激发他信念和希望的行动计划。

虽然我知道这次对话帮尼尔看清了问题，而且有疗伤的效果，但是当几天后我请他参加公司会议时，他的反应还是让我很吃惊。他有了180度的转变，毫不犹豫地说："我肯定参加。"更让我吃惊的是，他在会议上和每个人分享了他的经历，而且是用一种深刻的自我洞察和启发的方式来跟大家分享的。尼尔的状态焕然一新，而且比以前更好。

即便我具有教练的知识和经验，对我来说，我和尼尔的对话仍然很难。当你知道对话可能很痛苦并且风险很高时，让对方参与进来是很难的。你很难冷静地处在正常对话的状态，而且当对方指责你、骂你或贬低你时，你会感到肾上腺激素的刺激让你想要去保护自己或者反击。但是经过这些年的磨练，我知道虽然这些困难的对话挑战很大，但是能产生让你激动的积极结果。我知道"突破型对话"的原理同样适用于"参与型对话"。

参与型对话

当对方不愿意或没有意识到问题时，你就不是在处理执行者主导的对话了，而是在处理一个由教练主导的对话。换句话说，你不能通过让执行者来描绘目标、现状、方案和行动来开启对话。相反地，教练不得不主动开启对话。你负责整个对话的安排。这是你的目标。你要努力把执行者"从所在地带到你想让他去的目的地"，即至少他愿意参与到解决问题中来。除非对方做到了这一点，否则教练就是一直主动推动对话的人。如果你通过问对方："你想从这次对话中得到什么？"来开启一次教练主导的对话，对方可能把你看作疯子，因为是你要主动和他谈的。

当对方有意愿，但是没有意识到有什么问题（见图6-1，位于矩阵左上角的方格中）时，对话通常不困难。大多数情况下，你只需要走过去和对方说："嗨，我想和你谈点事儿。"对方会说："行，什么事？"然后对方就参与到对话中来了。因此，你很快就把对话变成了解决表现问题的突破型对话。

但是，当对方不愿意参与时——意识到了或者没意识到问题（见图6-1，矩阵下面的两个格子）时，情况就大不相同了。在这种情况下，教练要做的事情就是让对方参与——即同意（至少）或承诺（最好）——来解决表现问题。所以，对教练来说，这是要面对的最有难度的对话。

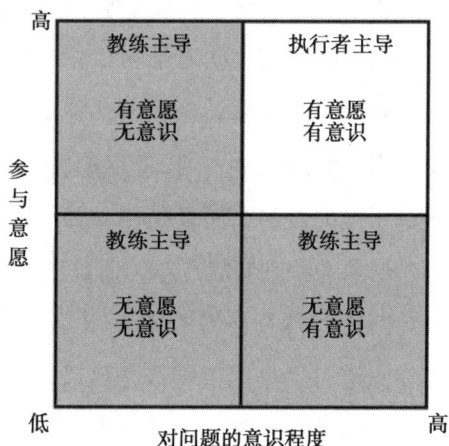

图6-1　参与型对话

对话变得困难的原因

干扰会让对话变得困难。想象以下的情景：

✔ 你是经理，你有一个员工，绩效很差。他用自己的标准来衡量自己的工作绩效，而且总是向别人抱怨公司的制度，他不想跟你谈自己的绩效问题。你并不想跟他过不去，但是考虑到公司和团队其他人的利益，你不能让事情继续恶化。

✔ 你是一位父（母）亲。在你看来，女儿的房间乱得像猪窝。你用了各种方法（比如讲道理、哄哄她、给小奖励、威胁甚至惩罚）来让她打扫房间，保持整洁，但是丝毫没有用。你是为了她好，所以你觉得她需要改掉这个坏毛病。但是你的所作所为不但没有解决问题，反而让你们的关系疏远了。

✔ 你是个员工，你的上司交给你一项重要的任务。但是当你努力完成时，你发现他打算不问你就来做一部分你的工作，而且你知道他的计划会对最终结果产生很大的不良影响。你需要面对你的上司，但是你很不情愿，毕竟他控制着你的收入和发展机会。

✔ 你需要给某人一些反馈，她的表现并没有她自己认为的那么好，但是你很担心用什么方式给她反馈，她才能真正听进去又不打击她。

在以上这些情景中，最大的挑战并不是当前的局面或执行者，而是你自己的干扰，而且作为教练，干扰改变了你首先要解决的问题。

在突破型对话中，执行者受到干扰的阻碍，如图 6-2 中第一幅小图所示。作为教练，你的工作就是帮助执行者消除干扰，理清想法。

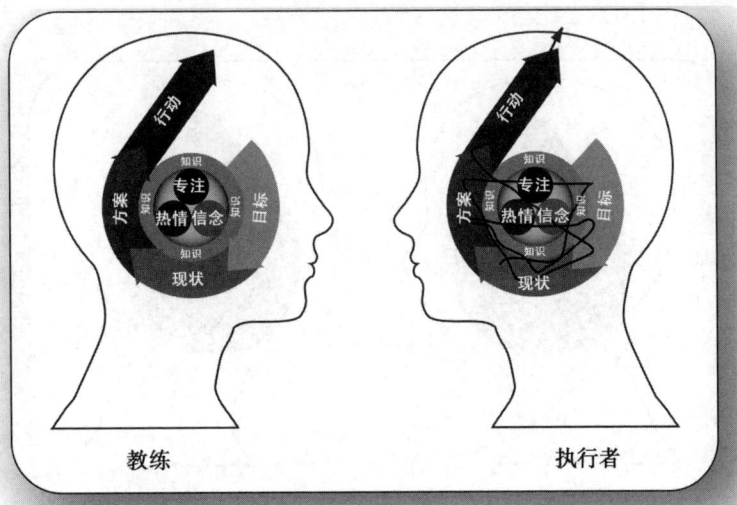

图 6-2　突破型对话

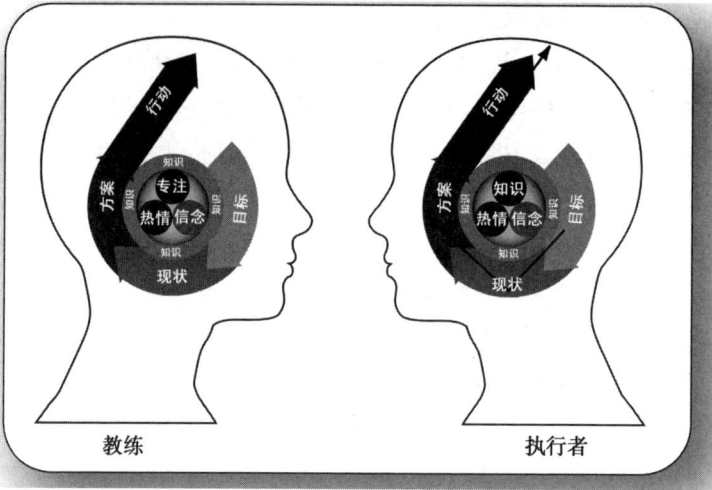

图 6-2 （续）

但是在参与型对话中，作为教练，你把自己的干扰带到了对话中，如图 6-3 所示。这就给你带来了问题，也给执行者带来了额外的干扰。只有先消除你自己的干扰，才能帮助执行者消除他们的干扰。这就和在飞机上乘务员让你先戴上氧气面罩，再帮别人戴上的道理是一样的（见图 6-3）。

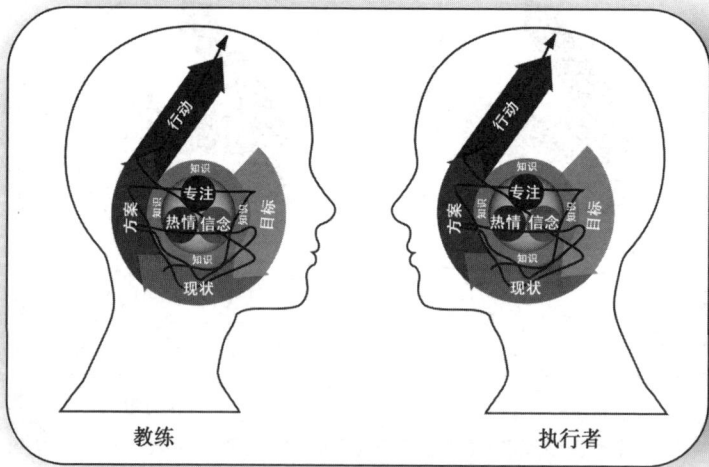

图 6-3　参与型对话：教练的挑战

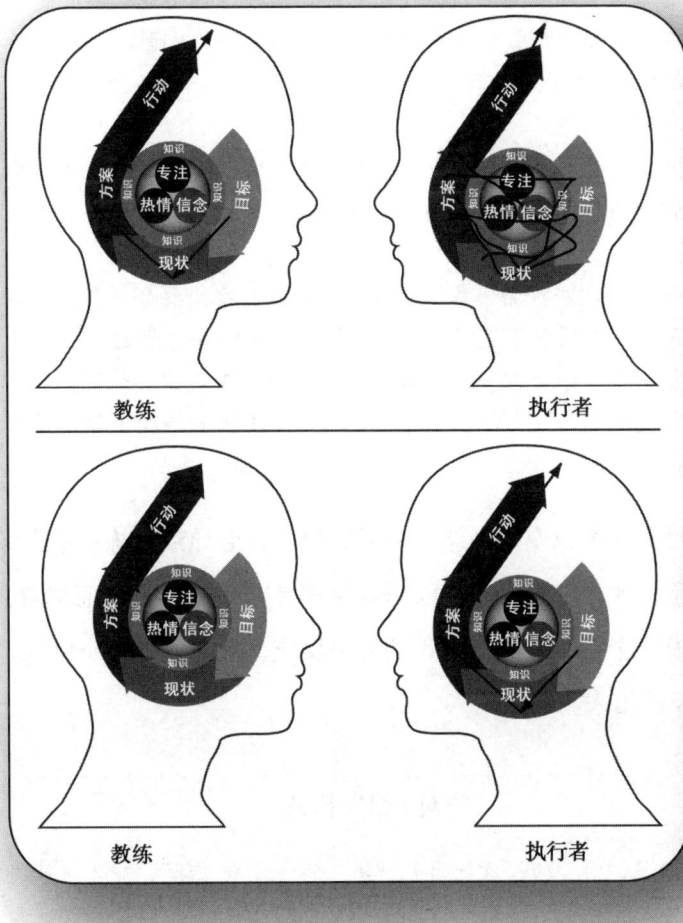

图 6-3 （续）

什么造成了教练的干扰

在难度较大的参与型对话中，教练的干扰主要来自于以下两个方面。

1. 彼此冲突的目标

✔ 员工想要维持现状；我想要他进步。

✔ 女儿把房间搞得一团糟；我想要她保持房间整洁。

✔ 上司想亲自参与我的工作；我想要他别插手，以免他把事情搞砸。

✔ 学生自我感觉良好；我要告诉他一些必须提高的方面。

2. 对情绪和后果的担心

✔ 我不想冒犯对方。

✔ 这次对话会让他不舒服，也会让我难受，所以我不想处理这件事。

✔ 我害怕对方会激怒我，我会马上有情绪化的反应，就不能再专注在问题上了。

✔ 整件事情都没法预测。我不知道会发生什么事或我会说什么。我可能会焦躁不安让对话脱离正规。这些都是我害怕出现的情况。

✔ 我害怕训练一个比我更有权势的人，因为如果我诚实地说出我的真实想法，那我的老板（老师或父母）会不会不给我支持和资源，或者干脆开除我。

彼此的目标冲突以及对情绪和后果的担心，会导致教练不愿意参与到对话中，而且还会触发"对 / 错"模式（如果你是"对的"，那么意味着我是"错的"），这种模式会产生一种下意识的防卫反应，并通过语调、语气、音量和所说的内容反映出来。

"对 / 错"模式

为了让我是"对"的，你就得是"错"的。没有"错"，就不可能有"对"。但是身为"错"的一方，就相当于自我认知被否定了。为了进行自我保护，你就不希望自己是错的。而如果我不是"错"的，那么我一定是"对"的。

如果你是"对"的，那么我就是"错"的，这样就让我否定自己的自我认知了。我当然不想否定我自己，所以我会反击，证明我是"对"的。因此，我开始对你吼叫，因为我们都知道"大声"是"对"的。如果这么做没有用，我甚至会采用暴力来证明我是"对"的。

人们经常会采用这种过于简化的思维方式来思考困难对话。

作为教练，理解并明确我们自己的干扰是很重要的。因为就像干扰会压抑执行者的信念、热情和专注一样，干扰也会压抑教练的信念、热情和专注。

"我觉得这次对话肯定会特别困难。"（信念方面）

"我真的不想介入。"（热情方面）

"我想的是怎么避免这次对话。"（专注方面）

但是，我们需要问问自己："如果我现在不进行这次对话，会发生什么或会继续发生什么？"当我们把进行对话的暂时困难和不进行对话带来的长期负面影响进行对比之后，其中的差距就会改变我们的信念、热情和专注。

"我相信解决这个问题与回避暂时困难相比，我想要前者。"（信念方面）

"我想我可以真正参与到对话中。"（热情方面）

"我该如何准备和进行这次对话呢？"（专注方面）

即使在困难的对话中，我们仍然可以用尊重的方式来对待对方（如果我们不能尊重对方，就说明我们自己应该被教练）。这里的方法仍然是"由内到外"。即使是教练主导的对话，对话仍然是以执行者为中心的，仍然是通过消除干扰和帮助对方激发他们的信念、热情和专注来激励他们发挥最佳水平。

为参与型对话做准备

GROW 模型对进行一场有难度的教练主导的对话有很大帮助，尤其是可以帮助教练为对话做准备，并帮助教练真实推进这次对话，以获得对方的参与。在开始一场参与型对话之前，花些时间来思考一些重要问题对教练理清自己的思路很有帮助。

✔ 我的目标是什么？（让执行者同意参与来解决问题）
✔ 现状是怎样的？
   ✓ 发生了什么？为何发生？为什么对我来说这是个问题？

✓ 我对对方的看法是什么？对目前的情况呢？我需要他人的帮助来澄清、挑战或明确我的想法吗？

✓ 我的热情怎么样？是积极的还是消极的？

✓ 我现在关注什么？我更关心的是听自己的还是听对方的？

✓ 从对方的角度来看，问题是怎样的？

✓ 我该怎么说才能和对方进行一次有效的沟通？

✓ 在对话中，对方会做出什么反应？他的反应会引起我怎样的反应和情绪？

✔ 我的方案是什么？

✓ 我需要说什么或做什么，才能引起对方的关注？

✓ 如果对方不愿意参与，我有什么办法？我要采取什么行动？

✓ 如果我觉得自己要陷入情绪当中了，我该怎么办？

✔ 我的行动是什么？

✓ 我要如何处理这次对话？

✓ 我打算用哪些话语来表达？

找出你的最佳替代方案（BATNA）

在《谈判力》（*Getting to Yes*）一书中，哈佛谈判项目的三位专家罗杰·费希尔（Roger Fisher）、威廉·尤里（William Ury）和布鲁斯·巴顿（Bruce Patton）解释了，在谈判中找到你的最佳替代方案（BATNA）的重要性。也就是说，如果共识无法达成，你要采取什么行动。这就成为你的"应变方案"。

举个例子，当你要和一个员工进行一次有难度的对话时，你要搞清楚如果他不愿意参与到一场对话中，你有什么办法来应对：可能你会把整理的相关情况汇报给主管，也可能是让该员工转岗或离职，也可能是采用法律手段来解决。

如果你努力和家里十几岁的孩子进行一次有难度的对话时，你的应急方案可能是不再给他零花钱或不让他用家里的汽车。

你面对的人如果很合作，你就可以不用你的应急方案了，但是如果你提前有所准备，那么对话中出现对方不愿意参与的情况时，你就不会措手不及。

　　实际上，提前模拟一下对话的过程，可以帮助你理清自己的思路，消除你可能遇到的干扰。一旦你计划好这次对话之后，找一个人和你一起提前演练，会让你更好地优化对话的方式，让你有机会练习如何处理冲突和情绪。当对方在对话中自我防卫和用语言攻击你，通常都不是有意针对你，而是对方不想面对那些让他不自在和痛苦的事，但是这在对话中经常很难识别出来。如果你不事先做好准备，就很容易反击、开始评价对方或自我防卫。这样一来，你就没有办法真正倾听和帮助对方了。通过事先处理好你自己可能的冲突和情绪，可以让你在实际对话中减少分心。

　　当然，也很有可能实际的对话和你计划的完全不同。但是即使是完全不同，你事先计划时所做的努力（尤其是澄清你的目标，找到如果对方不同意参与对话时的行动方案以及你处理自己冲突和情绪的方法）能够让你更好地在对话中有效地回应对方。

> 在准备作战时，我总会发现计划是不中用的，但计划却是不可缺少的。
>
> 美国前总统　德怀特·艾森豪威尔（Dwight D. Eisenhower）

　　也有可能没有办法去事先计划好一次有难度的对话。有时需要立即处理的情况会出现，也许你正在进行一场突破型对话，突然发现对方（员工、孩子、配偶、学生）想做的事是不能接受的。突然间，你发现自己进入了一个突发的参与型对话中，根本没有时间去准备。学习识别前面提到的"教练矩阵"所提到的信号可以帮你快速并准确地调整为对应的模式。但是大部分时候，你是可以为有难度的对话做些准备的，包括全面分析 GROW 模型的四个阶段。事先准备可以大幅提升你作为教练的表现，认真想想，你会就发现，想要有高水平的表现，练习是必不可少的。

　　当我准备进行本章开头提到的和尼尔的困难对话时，GROW 模型帮了我很大的忙。GROW 模型帮我理清自觉的目标：让尼尔参与到对话中来解决让他工作表现差和个人生活痛苦的问题；帮助我认清了会影响对话的现状：尼尔行为的后果、他内敛的性格、他喜欢大吵的特点、他面对自己问题时的敏感；帮我提升了自己的信念（把尼尔作为一个朋友和对公司有贡献的重要伙伴）、热情（我要解决问题的动力）、专注（用一种为尼尔、我们的关系以及公司带来长期积极结果的方式来解决问题）；帮我清晰地找到方案：各种能帮我引起尼尔关注和承诺的方法；帮我找出了应急方案（要么让尼尔参与对话，要么让警察把我拉走）和行动计划。

事先准备这次对话让我提前预想和处理可能的情绪和挑战，这也帮我在这些问题出现在对话中时能够保持冷静，并且帮我搞清楚了整个过程以及我用什么样的言语才能和尼尔更好地沟通。

神经语言程序学（NLP）

根据神经语言程序学（Neuro-Linguistic Programming，NLP）理论的创建人理查德·班德勒（Richard Bandler）和约翰·格林德（John Grinder）所说，人们有三种处理外界信息的方式：视觉型、听觉型和触觉型。了解对方的方式，并用对方喜欢的方式来和对方沟通，将会大大提升沟通的效果。

举个例子，如果对方是视觉型，你可以用"我能看得懂你的意思""我能看到画面"或"我理解你的视角"这样的词句与他沟通。

如果你在和听觉型的人沟通，你可以说"我听到了你说的""这听起来不错"。

在和触觉型的人对话中，你可以说"好的，我抓到了你的想法"或"我掌握了你的意思。"

班德勒和格林德还指出，有很多方法可以发现对方的模式，但最快捷的方法就是听对方说的话，注意对方用的是视觉型、听觉型还是触觉型的词句。

进行一场参与型对话

一旦你已经为一场参与型对话做好了准备，下一步就是真正去进行这次对话了。记住：你的目标是让对方参与到由他主导的对话中来解决问题。你的挑战是对方可能不认同这个目标。他要么没意识到问题，要么不愿意讨论问题，或者两者兼而有之。因此，你的目标和现状就与对方的目标和现状就有了差距（见图 6-4）。

如果对方愿意但没有意识到问题，你只需要分享你的目标（"我想让你一起参与讨论如何解决一个问题"）和现状（"你给我的报告没有包含我想要的所有信息"）。这时对方可能会说："哦，我没意识到。没问题，我愿意和你讨论一下。"这就是你需要做的，差距弥补了。你们有了解决问题的共同目标，你就可以马上转移到一次突破型对话上了。

图　6-4

但是如果对方不愿意，你需要谈到方案并且澄清双方的选择（"咱们可以现在谈这件事，或者明天谈""如果咱们现在不谈谈这件事，我就不得不这么做了"）。通过让对方对方案和结果有更清晰的认识，使他同意参与，弥补差距并和你一起进入突破型对话。如果对方仍然不愿意参与，你可能就需要采用你的替代方案了。一旦你确信自己已经给了对方最好的机会来做一个明智的选择，这种信念会在你推动对话时，帮你消除不自信带来的干扰。

由于对方很有可能不愿意参与到对话中来，所以在准备一次参与型对话时，认真思考以下两个问题很重要。

✔ 我需要说什么或做什么，才能引起对方的关注？
✔ 如果对方不愿意参与，我有什么办法？我要采取什么行动？

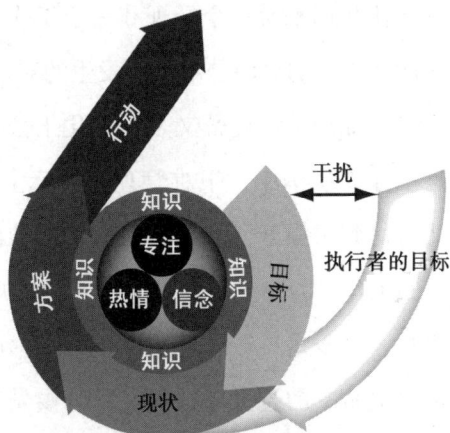

搞清楚这两个问题的答案会消除你开启对话时的焦虑，并让你有能力处理好任何突发情况。

屡次晚交的月度报告

让我们来看一个经理和一个工作表现差却不愿意谈的主管之间的参与型对话。以下的对话是以真实发生的对话作为基础的。

情况如下：史蒂文是一家化工公司的主管，但是工作表现一直不好，而且工作态度消极，很难管理。实际上，他的上一任经理替他说了很多好话，让他得到了提升而转岗。因为对于他的前任经理来说，这种方式比纠正史蒂文的工作更简单一些。布琳是史蒂文的新上司。她到任 6 个月了，但是最近 3 个月，史蒂文每个月交月度报告都会晚一周时间，而且每次都有借口。布琳了解史蒂文的过去，她决定是时候做些事情来改变现状了。她已经为这次对话做了准备，自己把 GROW 模型的每个阶段都思考了一遍，从而消除了自己可能的干扰。她的目标是让史蒂文参与到解决这个问题中来。

在使用 GROW 模型过程中，布琳运用了一些可以有效消除干扰的技巧，这些技巧包括：

- ✔ **分享意图**（消除下属对经理谈话意图的防卫）。
- ✔ **体现尊重**（同理倾听、给予选择、询问许可）。
- ✔ **坦诚告知**（明确、真诚地分享你的看法）。
- ✔ **对交谈中出现的新信息要持开放心态**（认同你可能没有所有的事实，以及你可能会调整自己的看法）。
- ✔ **步步为营**（在任何可能的情况下，步步为营，积小胜为大胜；通过一步步在小的方面创造机会赢得对方认同，并让对方说"好"，慢慢地对方就很难说"不"了）。

明确这些关键技巧不仅可以消除对执行者的干扰，专注在这些技巧上也可以减少对教练的干扰。现在让我们来看看布琳是如何处理和史蒂文的这次参与型对话的。

布琳：史蒂文，我最近一直被一个问题所困扰，而且我特别想在这个问题上得到你的帮助。【通过承认自己面临问题，布琳立刻减少了一些干扰。这不是"你有一个问题"或"我们有一个问题"，而是"我有一个问题"（她的问题是让史蒂文认可并参与对话）。而且这是她的问题，减少了对方的不安全感。】我们现在能谈谈吗？【询问许可（也是给史蒂文一个机会）的方式进一步减少了干扰。】

史蒂文：（挑衅地说）为什么是我？你的问题我能怎么帮你？【显然，史蒂文属于"不愿意"的那一类。】

布琳：好吧。这个问题和我对你在月度报告方面的工作表现的看法有关。【布琳增加了一点挑战，但以一次一小步来尽量减少干扰。】

史蒂文：哦，我知道了。又到了修理史蒂文的时间了，对吧？听着，布琳，我没时间谈这个。我还有一大堆工作要做。【史蒂文用进攻作为一种防卫。】

布琳：史蒂文，我不是想指责你，但是我一定要尽力找到一种方法来解决这个问题。我想做的是，和你分享我的数据，然后了解你怎么看整件事。如果我没错，我想做的就是和你一起找到一种对双方都尽可能满意的方法来解决这个问题。如果我没了解清楚，我就马上离开，不再浪费你的时间。【首先，表明解决问题的双赢目的和流程，同时承认她的理解可能是不准确的，而且她愿意纠正，进一步消除了干扰。】所以，我们能谈谈吗？【这里又是一个询问许可。】

史蒂文：你知道我们的工作安排是怎样的，而且你也知道我们有多少事情要处理。（叹气）谈这个要花多长时间？

布琳：我想……差不多15分钟吧。

史蒂文：（不情愿地）好吧。让我们开始吧。这次我又做错了什么？【注意：他现在扮演了受害者的角色。史蒂文开始出现接受的迹象。】

布琳：史蒂文，我来这儿刚 6 个月，你已经在这里工作 20 年了。之前你得到过很高的评价。但是最近 3 个月，月度报告有时要推迟一周才交给我。我不知道这是为什么？【这是一个对问题的清晰陈述，但是问题还是在教练一方，因为布琳说"我不知道为什么"。】

史蒂文：听着，布琳。我不想坐在这儿因为不是我的错而受到批评。这几个月我一直在向管理层反映问题：这些员工不能胜任工作，我在替他们做他们应该做的工作，而且我不知道我还能做什么。他们提交报告就很晚，而且数据不准确，所以我要重写。【注意：史蒂文在努力转移他的责任。】

布琳：首先，我们都得承认报告交晚了。【注意：这是同理倾听的用法（以后会用 * 号来表明同理倾听），也是某一方面共识的口头说明（一小步胜利）。】

史蒂文：是的。

布琳：你说的原因是，因为你招聘的员工不能胜任工作，而且他们给你晚了，然后你不得不重写。【* 同理倾听。】

史蒂文：是的。我得重做他们的数据而且重新计算，所以我得把我的工作和他们的工作都做了。我一直在当他们的保姆。

布琳：听起来这让你很沮丧，就像我一样。【* 同理倾听。注意：这里包括了对情绪、肢体语言和语调等方面的全面倾听。】

史蒂文：的确。我不喜欢因为这些事被批评。这真的不是我的问题，不是我的错。

布琳：史蒂文，我想再说一遍，我没有批评你。我想做的就是找到一种方法来解决问题，而不是让这件事一直困扰咱们俩。【这里布琳再次强调了共同的目标。】

史蒂文：（打断布琳）听着，你真的想解决这个问题？

布琳：我确实想解决。

史蒂文：好的，把现在这些人都换掉。从别的地方再找些能干活的人。如果他们不想干，找些想干的人来。我之前只有两个干得还不错的人，你把他们都调走了。另外，最近 6 个月工作量翻倍了，所以我们的人手也要翻倍才能让分析报告在规定时间内完成。【布琳很容易对史蒂文这种以偏概全以及不切实际的建议做出情绪化的反应或给予评判，但这样的反应不能激发史蒂文的信念、热情和专注，也不能解决问题。】

布琳：好的。所以，我想我听到了更多的信息，其中一件事就是工作量比以前增加了。【＊同理倾听，没有评判和情绪化反应。】

史蒂文：没错。

布琳：我把你最能干的员工调走了，给他们换了工作岗位。【＊同理倾听。】

史蒂文：是的。

布琳：好的。对于你的建议，如果我没理解错的话，就是把现在的人都换掉，然后重新招人。【＊同理倾听。】

史蒂文：是的。

布琳：史蒂文，我同意你说的其中一点：工作量确实增加了。【布琳又一次做某个方面的认同，这是另一个小胜利。】因为商业环境变了，所以现在每个人都很纠结。但是我也看到了不同的方面。【布琳也认同他们之间的不同，但没有争论或进入到"对 / 错"对话模式。】你知道，我的职位不允许我开除所有人。如果职位允许我这么做，我想我现在也不会这么做。因为我觉得如果你和我一起好好想想办法，我们能找到一个不用这么做的方法来解决问题，而且这就是我想做的，和你一起花些时间努力搞清楚该怎么解决这个问题。【她重新澄清目标】你觉得怎么样？【这是又一次请他认可。】

史蒂文：（很不情愿地）好吧，我想是的。如果我不改变这里的现状，那么整个工作都不会有起色。【史蒂文开始接受对于问题的责任了。】（停顿了一下）那么，这要花多长时间？

布琳：我不知道。15 分钟，也许半个小时。如果现在不行，我们今天可以换个时间沟通。【这体现了布琳的灵活性，让史蒂文来决定沟通的时间。】

　　史蒂文：今天希拉和我一整天都要一起处理一个项目。我打电话给她告诉她2点以后我才有空。她可以先做一些准备工作。我午饭后找她一起处理那个项目。

　　布琳：太好了，史蒂文，我特别感谢你。【这肯定了史蒂文参与对话的决定。】

　　史蒂文：好的。

　　布琳：谢谢。

　　史蒂文：没关系。

　　注意布琳是如何运用以下的技巧，让史蒂文在对话中变得没有攻击性和放下防卫的。

分享意图

"我想和你分享一些数据……"

"我想了解你对整件事的看法……"

"如果我是对的，我想找一个对我们双方都满意的方法来解决问题……如果我是错的，我就会马上离开……"

体现尊重

✔ 同理倾听
  ✓ "你说报告迟交的原因是……"
  ✓ "听起来这让你很沮丧，就像我一样。"
  ✓ "对于你的建议，如果我没理解错的话，就是把现在的人都换掉，然后重新招人。"
✔ 给予选择
  ✓ "如果现在不行，我们今天可以换个时间沟通。"
✔ 询问许可
  ✓ "我们现在可以谈谈吗?"
  ✓ "这就是我想做的，和你一起花些时间努力搞清楚该怎么解决这个问题。你觉得怎么样?"

坦诚告知

"但是最近 3 个月，月度报告有时要推迟一周才交给我。我不知道这是为什么？"

"但是我也看到了不同的方面。"

"我的职位不允许我开除所有人。如果职位允许我这么做，我想我现在也不会这么做。"

对交谈中出现的新信息保持开放心态

"这是我的看法，可能正确也可能不正确。让我们谈谈。"

"我想了解你对整件事的看法……"

"我想我听到了更多的信息……"

步步为营

✔ 在任何可能的情况下，步步为营，积小胜为大胜。
  - ✓ "首先，我们都得承认报告交晚了。"
  - ✓ "我同意你说的其中一点：工作量确实增加了。"
  - ✓ "(这段对话可能花) 15 分钟，也许半个小时。"

✔ 通过一步步在小的方面创造机会赢得对方认同，并让对方说"好"，慢慢地对方就很难说"不"了。
  - ✓ "我最近一直被一个问题所困扰，而且我特别想在这个问题上得到你的帮助。我们现在能谈谈吗？"

✔ "如果我没了解清楚，我就马上离开，不再浪费你的时间。所以，我们能谈谈吗？"

最后，布琳运用"由内到外"的方法让史蒂文同意参与到对话中来解决问题。他也许没有对这件事表现得特别兴奋，但至少他同意一起来找出解决问题的方法了，并同意对问题负起责任。

我们现在没法谈——我有工作要做！

如果局面变得更加紧张会发生什么事情？如果史蒂文一直对抗并拒绝参

与，怎么办？让我们来看看在更有挑战的情况下会发生什么。

布琳：史蒂文，我现在被一个问题所困扰，特别需要你的帮助。我们能现在花些时间讨论一下吗？

史蒂文：布琳，不行，我现在得工作【史蒂文直接拒绝参与。】

布琳：史蒂文，困扰我的问题和你有关，是关于我对你这几个月月度报告的一些想法【在一开始的时候就把问题提出来。】

史蒂文：听着，你想怎么解决？我得回去工作。工作更需要我，我没时间坐在这儿闲扯。

布琳：史蒂文，没有你我解决不了这个问题。我需要和你谈谈。

史蒂文：不好意思，但我又能做什么呢？我没有时间谈这个。

布琳：史蒂文，我想做的就是用一种对咱们双方都没有伤害的方式来找到解决问题的方法。但是如果你和我谈都不谈的话，我不知道我除了写一封警告邮件之外，还能干什么。而且你知道接下来会发生什么——这封邮件会被记录在案，这样的结果对我们都没有好处。【当史蒂文不同意沟通时，布琳说出了她的应急方案。】而这是我最不希望看到的。这也是为什么我想和你谈谈的原因。我们是现在谈还是今天另外找个时间谈？【布琳没有对史蒂文进行评判；她澄清了目的，提供选择以及说明后果，并告知什么是没有商量余地的，但是她也再一次询问许可。】

史蒂文：（没有好气地）我有什么选择吗？【史蒂文在扮演受害者。布琳知道他需要理解，他有选择，但是选择是有后果的。】

布琳：你至少有两个选择：谈或不谈。我一直说"给我另外一个选择。"我不想对咱们双方做一些造成麻烦的事。【布琳让史蒂文知道至少参与或不参与对话是他的选择权，而且这个决定以及后果都是在史蒂文自己手里的。】

史蒂文：（停顿了一会儿）好的，我要告诉希拉一声，让她下午 2 点以后再来找我，然后我和她再谈工作上的事。

　　布琳：好的，1 点可以吗？

　　史蒂文：好的。

　　布琳：史蒂文，谢谢。

　　史蒂文：好的。

　　当史蒂文说："我不打算谈这件事时。"对布琳来说，现状就改变了，因此需要采取的方案也要改变。当史蒂文还是不愿意参与时，布琳这时就需要用到应急方案了。布琳说："史蒂文，我想做的就是用一种对咱们双方都没有伤害的方式来找到解决问题的方法。但是如果你和我谈都不谈的话，我不知道我除了写一封警告邮件之外，还能干什么。而且你知道接下来会发生什么——这封邮件会被记录在案，这样的结果对我们都没有好处。而这是我最不希望看到的。这也是为什么我想和你谈谈的原因。"因为事前做了准备，布琳心里很清楚如果史蒂文不愿意参与对话她该怎么办。而且在和史蒂文对话过程中，布琳也很清楚这一点。布琳知道这不是她希望的，她希望的是进行一次突破型对话来解决问题。但是如果史蒂文拒绝参与，她就会很清楚地告诉他后果会是怎样的。

　　对于这种应急方案，史蒂文用一种扮演受害者的方式来回应。"我还有什么选择吗？"他暗示布琳正在否认他作为员工的权利。接着，布琳帮他搞清楚了他有两个选择。"你至少有两个选择：谈或不谈。我一直说'给我另外一个选择。'我不想对咱们双方做一些造成麻烦的事。"这很直接，但是有对对方的尊重，史蒂文最终同意了。

　　虽然史蒂文不情愿，但是他同意参与对话了。这种意愿上的改变又把通过对话解决问题推进了一步。他可能还会对抗，可能还会沉浸在指责别人导致了绩效问题的故事里，但是至少他和布琳一起明确目标，澄清现状，寻找方案和行动计划的门打开了。在对话过程中，布琳不仅多次使用同理倾听来表达对史蒂文想法的理解，而且还抓对了时机给史蒂文提供了一个帮他改变自己局限观念的新视角。

当像史蒂文这样有不良态度和工作记录的人发生转变时，这种转变不仅对他个人有好处，同时对公司和团队也有好处，因为不用再为找人替代他而付出更多的成本。另外，这也给了教练很大的信心。我想再次强调，虽然这种对话很有难度，但同时也会很有收获。

让孩子清理房间

一位父亲和我分享了一件让他和妻子觉得有挑战的事，即让他们十岁的女儿清理自己的房间。据他所说，他们的努力导致了"激烈的争执"和对孩子的惩罚，结果搞得所有人都不开心。所以，他决定用 GROW 模型来和女儿谈谈。

他用寻求女儿帮助来解决一个一直困扰他的问题的方式来开启对话。当女儿同意后，他告诉女儿问题是什么，并解释了他对现状的看法。一开始，女儿有些怀疑，觉得这是爸爸的另一个命令。但是随着对话的进行，她意识到爸爸是真的对她、对现状以及如何解决这个问题很关心。女儿的态度转变了，她愿意参与到对话中了。在对话过程中，父亲也意识到女儿觉得父母对她房间整洁程度的要求太苛刻了，她还觉得打扫房间会占用她有限的自由时间。但是，她的确同意保持一定程度的整洁对每个人都好，包括她自己。

这时，讨论就转移到怎样用让双方都满意的方法来解决问题上。当爸爸让女儿说自己的想法时，女儿建议做一张日常家务清单来提醒自己需要做的一些家务活，这样就可以保持房间的整洁。爸爸问她要把哪些家务活列在清单上时，女儿的建议超出了自己觉得女儿愿意做的家务活，这让他很出乎意料。另外，女儿也建议给些零用钱作为奖励。因此，父亲同意每周多给一些零用钱，如果每天女儿都能完成清单上的家务活。这位父亲说：

到目前为止，事情进展很顺利。我们看到女儿房间的整洁程度有了很大的改善。我觉得这种方法的有效之处在于能帮助父母和子女用不敌对和伤害关系的方式来解决问题。尤其是，这种方式可以让对方分享信息，并担负起一起解决问题的责任。

在"由内到外"的教练对话中，如果能抓住一些关键转折点可以激发对方的信念、热情和专注。在这个案例中，当女儿意识到爸爸是真的想解决这个问题，而不是用权威命令她或跟她讲大道理时，一个转折点出现了。当她认识到爸爸是真心看重她的想法时，她开始敞开心扉表达自己的想法，包括希望爸爸多给些零用钱，这是另一个转折点。父亲也有一些重要的转折点。当他用"由内到外"的方法来代替以前"由外到内"的方式来跟女儿互动时，这是一个转折点。另一个转折点出现在当他看到女儿提出列一个家务清单并超出自己预期时。还有当他意识到女儿因为自己动手列出了家务清单，所以有了更大的动力去做时。

这些转折点打开了一扇通向双赢方案的大门。这些转折点可以发生在和十几岁子女沟通的各种情况下：经常晚回家、大声播放音乐、衣着问题、和不良少年厮混或经常做一些不希望出现的行为时。

以我的经验来看，父母越是在和孩子一起处理问题过程中使用"由内到外"的方法，孩子们越有可能主动开启关于他们自己问题的突破型对话：如何在学校表现更好，如何处理和朋友的问题，他们需要参加或放弃什么活动，他们要上哪所大学。这种方法的本质是帮你在他们生活中有挑战时，依然能打开和孩子们沟通的大门。

向上教练

罗恩是一位中层经理。他和我分享了他和上司沟通的一次经历，我们称之为"向上教练"（coaching-up），这个词用来形容和比你职位高的人（掌握你收入的上司、你工作上的指导人以及你的父母）一起解决问题的过程。对很多人来说，向上教练的想法会对自己产生很多干扰，以至于压抑了自己的信念、热情和专注，结果导致很多人直接回避了这样的对话。但是向上教练对于保持持久的高水平表现以及双方积极的关系至关重要。

在这个案例中，罗恩接到任务：需要为一个为期 4 个月的大型领导力培训项目安排 12 个讲师到 12 个城市去开展培训。他已经完成了大量评估和面试的工作，马上就要最终确定下来讲师团队的人选了。这时，其他的项目成员来跟他说："你有没有看出来马克（罗恩的上司）想成为这个项目的一位讲师？"这让罗恩感到很意外。在他眼里，马克是个好上司，但他还没达到讲师需要具备的 15 项标准。

一开始，罗恩不相信这是真的。但是没多久他就注意到马克开始根据这个项目来安排自己的出差计划了。这时，罗恩觉得自己需要准备一下和上司做一次有难度的对话。罗恩旁听了两三次马克的培训课，并做了详细的笔记。他努力找到可能的方法来应对马克不同意的情况。显然，他不能开除自己的老板。他知道自己唯一可以做的事就是跟马克说："马克，你说我是项目的负责人。你让我来决定最终选定哪些讲师。我是来告诉你，你没在最终人选当中。"但是罗恩希望自己永远不用说这些话。

在精心准备之后，罗恩找到了马克，跟他说："马克，你有时间的时候，我有一些关于讲师团队的事情想和你商量，我想听听你的想法。"

马克说："好啊，现在就行。"因此，他们找到了最近的会议室坐下来。对话开始了。

　　罗恩：马克，我想跟你说的是关于你想加入讲师团队的想法，现在方便吗？

　　马克：当然可以。

罗恩：我想先分享一下我听到和看到的，然后我想听听你的想法。如果我们彼此都能互相理解，我们可以谈谈该怎么解决。如果我们彼此还不能理解，我需要你的帮忙，告诉我我忽略了什么。现在可以开始吗？

马克：好的。

罗恩：好的。我听说你把自己当成了这次项目的讲师，而且开始安排出差计划了，是吗？

马克：是的。

罗恩：我已经为这个项目制定了选择讲师的标准。从我的角度来看，你达到了 15 条讲师标准中的三条。我旁听并观察了你主讲的培训课，在开始的半个小时里，你说了 20 多次"嗯"；在需要进行引导学员思考的环节，你没问过开放式问题，而且还 20 多次抬头看天花板。你也没和学员进行眼神交流。你讲的时间占了 80%，只给学员留了 20% 的时间发言。（停顿了一会儿）这就是我的观察，有什么是我忽略的吗？

马克：（有些紧张）罗恩，关于你分享的这些大部分都是对的，我之前也听到过这样的反馈。

罗恩：马克，我想让你知道，这个决定对我来说很难。作为朋友和同事，我很在意你的感受，而且如果我不跟你分享这些信息，我就不能把自己当成你的朋友。因此，我们都同意你没有达到作为这个项目讲师的所有标准的事实吧？

马克：是的，同意。

罗恩：好的。那接下来我们该怎样来明确你在这个项目中的角色呢？

马克：我其实对我自己的角色也有些纠结。

罗恩：好，所以现在我们的目标是搞清楚你的角色，对吧？

马克：是的。

罗恩：你愿意我来帮你吗？

马克：当然愿意。

接下来，我们利用 GROW 模型讨论了对于马克角色定位的问题。这是一次没有了压力而且更加专注的对话。最后我们商量的结果是，马克会作为后备坐镇后方，一旦项目遇到问题或需要帮助，马克再出山支持。罗恩后来说道：

> 现在回想起来，这可能是我经历过的最困难的一次对话。毕竟，马克是给我发薪水和对我进行绩效评估的人。但是这次对话实际上达到了很好的结果。马克是个很有天赋的人，而且我从他身上学到了很多东西。我想，因为之前没有人给过他关于他授课技巧的任何反馈，所以他就简单地认为他自己做得很好而且很适合做这个项目的讲师。这是第一次有人跟他分享关于培训技巧的反馈。

罗恩发现这次经历并没有他想象的那么困难。这归功于他事前进行了详细的准备。这种方法不但帮他消除了自己的干扰，而且指导他选择合适的说话措辞来帮他消除他老板的干扰，最后成功地帮他把老板拉进来参与这样一次突破型教练对话来解决问题。

给予反馈

在教练执行者的过程中，我们经常需要给对方一些反馈来帮助他发现可以提升表现的机会。如果我们不能让执行者意识到他们认为自己在做的和实际在做的之间有差距，他们就不会愿意改变。

大多数人对于接受反馈的反应都是有些矛盾的。他们会说我们非常愿意接受反馈，而且表面上会告诉你反馈特别重要，但是他们心里却很抵触接受反馈。原因是很多人没有把反馈理解为一种帮助自己改进的建议，而是把它当成了一种用巧妙方式表达的批评。因为我们害怕被评判，所以反馈给我们带来了干扰。当人们告诉我们应该怎么做时，我们通常的反应是不重视、回避或防备。

为了更好地理解反馈的力量，想象你是飞机上的导航设备，而我是飞机飞行的控制设备。如果飞机开始有点向左偏了，你会说："艾伦，你正向左偏。"

我会回答："谢谢"，然后修正方向。

如果飞机开始向右偏，你会说："艾伦，你开始向右偏了。"

我会回答："谢谢"，然后再次修正方向。

如果机头开始朝下，你会说："艾伦，飞机正在往下掉。"

我会回答："谢谢"，然后调整机头的朝向。

整个飞行过程，你一直在不停地给我实时的反馈。这种反馈让我们不偏离轨道，这样才能安全准时到达目的地。但是当人们在工作或生活中试着做同样的事情时，常常会发生以下的情况：

"艾伦，你往左偏了。"

"太谢谢你了。"

"艾伦，你往右偏了。"

"哦，好的，好的。"

"艾伦，机头朝下了。"

"你知道吗？你一直在批评我。"

我不再把这当成反馈，而是当成了批评。这样就触发了我深深地抵触：害怕被评判。因为我的防备心理会加强，信念、热情和专注会被压抑。我进入了防备模式，不再听你说的。如果在自动驾驶的飞机上主控设备不听导航设备的反馈来控制驾驶，会发生什么情况？飞机最终会坠毁。这种原理也适用于职场。你肯定见过那些因为听不进去反馈而在职场中发展不顺利的人。因为他们不会运用反馈来调整自己，所以他们的绩效往往达不到要求，而且自己还不知道为什么会这样。

从本质上来说，反馈仅仅是一种信息。这种信息能够让我们看清自己在各个方面的差距。有效地接受和给予反馈的关键在于运用"由内到外"的方法。

我的朋友，商业顾问琼安·凯利奇亚（JoAnn Kailikea）分享了一种特别形象化的方法来帮助我们理解给予和接受反馈。想象我和你两个人在一起开会，我是你的上司。你拿着一个水杯，我拿着一壶水。水代表我想给你的反馈，我认为这种反馈对你的工作有很大的帮助。在听取反馈的时候，我请你将杯子靠近你的心。然而，你在心里已经有一些想法了，所以你的杯子不是空的。实际上，你的杯子可能都快满了。但如果我很想给你提供一些反馈，我可能就没有注意到你的杯子快满了，而且我已经准备往你杯子里倒水了。

那么，你会怎么做？你正端着一个盛满水的杯子，贴在自己的心口上。你意识到只要我开始把反馈倒进你杯子里，它们就会从杯子里流出来，还会洒到你衣服上。因此，你会很快把杯子从心口拿开，实际上，你会尽可能拿远一些以防把衣服弄湿。结果，不管我给什么反馈，都无法贴近你的心。然后，我开始倒，我说："我觉得你工作干得不错。"我继续倒："我对你能完成这件事感到自豪。"我接着倒："但我些不同的做法……我希望你改变自己做事的方式。"这时，水已经流的到处都是了。所以，我给了你太多反馈，而你根本就没听进去。实际上，你已经被淹没了。

用这种方法给反馈是"由外到内"的。这种方式不是以执行者为中心，而是以教练为中心。这种反馈方式作用不大。相反地，这种反馈方式还会产生压抑你信念、热情和专注的干扰，也阻碍了双方的关系。另外，还带来了其他的问题：当团队的其他成员看到发生的事情时，他们可能会决定不给你任何反馈。你经常在公司里看到这种情况。

"由内到外"的方法能让对方对已经发生和将要发生的事情负起责任。这种方法让一个人负责地思考和评估自己的表现。想象一下，我走过来跟你说："我有一些对你有帮助的反馈，你想听听吗？"通过问这个问题，我实际上是在问你是否愿意参与到一次围绕共同目标（一起找到能提升你表现的方法）的突破型对话中。如果你不愿意，我们需要像布琳和史蒂文的对话一样来推进对话让你参与进来。如果你愿意或一旦你愿意，我们就可以把对话变为突破型对话了。我会请你先分享你的现状和方案。换句话说，我先请你把杯子倒空，我会通过问你三个问题来达到让你把杯子倒空的效果。

> 为了避免我告诉你一些你已经知道的事情，请告诉我：
>
> 你觉得什么管用？
>
> 你遇到了什么阻碍？
>
> 下一次你会有什么不同的处理方式？

　　我不会让你被我的评判所分心；我在帮你发掘自己内在的智慧。我在帮你专注在几件简单的事情上，增强你通过自身体验学习、成长的能力。我鼓励你对自己进行负责的自我评估，这时你会分享对自己的看法，你的杯子就倒空了，并且准备好接受我分享的看法了。然后我会分享我了解的现状和方案。我会从肯定双方共识的部分开始，然后我会问你是否愿意听听我观察到的。如果你愿意，我会分享自己对刚才问你的那三个问题的看法。我会给你各种及时、具体和没有评判的反馈。

由内到外给予反馈

第一步：询问许可。

"我有一些对你有帮助的反馈，你想听听吗？"

第二步：先倒空执行者的杯子。

"为了避免我告诉你一些你已经知道的事情，请告诉我：

你觉得什么管用？

你遇到了什么阻碍？

下一次你会有什么不同的处理方式？"

> 第三步：以分享双方共识的部分开始，然后分析你的观察。
>
> "你想听听我的观察吗？"
>
> 第四步：加强执行者所说的。
>
> 哪些方面管用？（庆祝对方的成功）
>
> 你遇到哪些阻碍了？（避免"失败"的讨论）
>
> 下一次你会有什么不同的处理方式？（找出行动计划）
>
> 给反馈要及时、具体和没有评判

在双方都分享了对现状和方案的看法之后，我们就可以通过头脑风暴法想出更多的方案。然后，你可以选一个能激发自己信念、热情和专注的行动计划。

用这种方式分享反馈可以减少干扰，避免在你已经知道的事情上浪费时间，而且能让你听进去对你的表现有关键帮助的信息。

常见错误

当人们用"由内到外"的方法来进行参与型对话时，最常见的错误有以下几种。

1. 不做事前的准备

因为这样的对话本身有一些挑战，如果不事先做准备，我们失败的概率就会增加。我们可以利用 GROW 模型来做事情的准备，帮助自己理清目标（让执行者参与到突破型对话中来），澄清现状，找到方案（包括如果问题无法解决时，我们要采取什么应急方案）和行动计划。我们知道可能会遇到什么干扰以及如何处理这些干扰。

因为受到干扰，所以我们会进入"预备……射击……瞄准"的模式。我们感到挫败，而吼叫似乎是释放挫败最快的方法。事前准备可以帮助我们避免挫败，提高对话的成功率。利用 GROW 模型，让我们更清楚自己的目标（让对方参与到一次突破型教练对话中）、现状、方案（包括如果对方不愿意参与时，我们会采用哪些备选方案）和行动计划。我们可以提前预估会出现哪些干扰以及消除这些干扰的方案。

就像一位认真的运动员，迎接他所面对的最困难的挑战之前，会预先进行彻底、全面和仔细的准备。只要有可能，我们也应该在开启一次困难对话之前，进行全面仔细的准备。

2. 缺乏倾听

显然，倾听是很关键的。倾听不但能让对方感受到尊重和理解，而且对于教练来说，倾听是一种消除干扰创造专注的有效工具。当我们缺乏倾听时，就没有了对对方的尊重。用领导力大师史蒂芬·柯维（Stephen Covey）的话来说，我们剥夺了人们的"心理空气"（psychological air）。当人们被剥夺了心理空气时，他们唯一想做的就是再次得到空气。缺乏倾听会让我们漏掉需要了解的解决问题的关键信息。另外，如果我们不倾听，不让对方表达自己的想法，我们就没办法回顾他们的想法，或帮助他们反思自己的想法。

但是，倾听并不容易做到，尤其是如果我们没有倾听的习惯时，有时即使我们认为自己在听，当我们反思自己在和别人互动过程的时候，就会吃惊地发现想做到真正的倾听不是一件容易的事。一位和我有过合作的客户说："我总觉得自己是个不错的倾听者，但是当我用 GROW 模型实际练习和关注倾听时，我发现相比倾听而言，我更急于分享我的观点。当我发现我一直咬着自己的舌头，就是为了多听少说时，我觉得自己很好笑。"

一位女士告诉我用 GROW 模型对她最大的帮助就是让自己闭嘴。她说，这个发现给了自己很大的启发，因为她开始注意自己经常会一直在想自己要说什么，而且担心用什么样的顺序才能把事情说清楚，结果完全忽略了倾听。

她已经和执行者建立了融洽的关系，但是对方一直没有太大的进步，因为她把时间都用光了，根本没有激发执行者的信念、热情和专注。

作为教练，认识到我们可能无法有效地倾听，是提升我们教练表现的第一步。我们可以尝试练习：

- ✔ 在每一次与执行者的互动中，把我们自己的经验和日程安排放在一边，专注在从执行者的角度来看待问题上。
- ✔ 经常用我们自己的话复述对方所说的。（所以，我听到你说的是……）注意对方说"是的""没错"或"不，这不是我的意思"的次数。
- ✔ 观察其他人如何进行教练对话，并且问自己："谁的需要被满足了？执行者的还是教练的？"

我们越能真正地倾听，就越能更好地帮助执行者提升他们的表现，同时也帮助我们自己提升作为教练的表现。

3. 不按流程做

人们用不好 GROW 模型的一个常见原因是不按流程一步一步来。习惯是导致人们不按流程来的一个重要原因。他们用自己的方式对别人做出回应，时间一长人们就会不加思考，自然而然地陷入这种习惯当中。他们会习惯于去做让自己不费力的事，而不是真正有用的事。因此，你要把帮助他人的目的记在心里，而且要很清楚怎么做能带来想要的结果，怎么做是浪费时间，用这些来提醒自己以防自己又陷入以前的老习惯当中。

人们不按流程来的另一个原因是，教练在情绪上被执行者所说的话感染，从而偏离了正确的流程。如果你试着帮助一个正在为如何让自己五岁孩子停止发脾气而苦恼的人。你会想："我家的孩子也有同样的问题。"然后，你很有可能就会抛开流程，反而坐在一旁表示同情："你是对的，这真是一个难题。让我来告诉你我女儿上周做了什么……"你关注点的转移对双方都产生了干扰，因而阻碍了你的信念（"我敢肯定这个问题解决不了"）和热情（当我不由自主想到自己时，我就没有那么多热情来帮你了），因此就破坏了你作为教练的表现。在其他情况下，教练会因为陷入"对 / 错"模式而引起情绪反应。他们以自我为中心，开始评判、回应、防卫、纠正和解释，而忘了按照流程来。

最好的避免这种问题产生的方法就是提前计划，把目的清楚的记在心里。另一个关键是记住：你不用去解释、防卫或评判什么。

4. 陷入给执行者增加知识的误区

大多数人习惯于给建议，因为我们所处的大环境鼓励这么做。避免陷入这种误区的一种方法就是仔细检查你的教练成果。大多数人只有在认识到，自己用的方法没有带来预期效果的时候，才会停止使用"由外到内"的教练方法。另一个方法是严格遵循流程的步骤，因为 GROW 模型以及相关的关键问题都是按照"由内到外"的方法设计好的，所以严格按照流程来操作就避免了"由外到内"的方法。

5. 不敢面对挑战

虽然无数的事实证明，成功来自于克服挑战，而不是回避挑战。但是大多数人往往会回避让自己感到难受的事情。作为教练，如果我们要想带来改变，就得在很多时候面对让我们不舒服的挑战。

> 面对和解决问题的过程，让生活变得困难，这是个痛苦的过程……几乎所有人，多多少少都因为害怕所产生的痛苦而试图逃避问题……然而，就是因为面对和解决问题的过程，生命才有意义。
>
> 美国心理学家、作家　M. 斯科特·派克（M. Scott Peck）

真正进入执行者的世界，并运用不同的思考和决策方式，是件有难度的事。另外，帮助一个人发现该怎么做的过程，可能在一开始会让你不自在。

但是我们需要不断问自己以下三个关键问题。

✔ 这和谁有关？执行者还是我？
✔ 当我说话的时候，谁的需要被满足了？执行者的还是我的？
✔ 我是在减少干扰还是在增加干扰？

如果我们真正承诺让对方发生改变，我们就要把最后的结果看得比暂时的挑战更重要。我们要不断提醒自己：从困难对话中产生的积极结果，常常会使执行者的表现有巨大的提升。当我们进入一次有难度的对话之前，自己先用由内到外的方法来思考时，很多困难会迎刃而解。

教练的信念

当你深入分析时，就会发现所有的错误都是教练的信念所产生的结果。就如本书之前提到的，信念驱动行为。因此，如果你不相信计划的重要性，或认为计划是一种累赘，而且很费时间，你很有可能不做任何准备就进入到有难度的对话中。

如果你相信最好的帮助对方的方法就是听你说并按你说的做，那么你就不会倾听对方，或做真正能激发他们信念、热情和专注的事。

如果你相信，过去那些让你成功或对你有用的经验对于执行者的帮助已经足够大了，或者你当下给出的建议比问执行者问题要好很多，你就不会去练习运用 GROW 模型这种能带来高水平表现的方法了。

如果你相信，教练应该是一次让人开心的体验，或你应该在不面对挑战的情况下就达成结果，你就不会有勇气参与到能给执行者带来积极变化的有挑战的对话中。

更重要的是，如果你不相信执行者有着很强的内在学习潜力——好奇、自信、想去探索——你就很容易不断地评判（好 / 坏 / 对 / 错），不断去试图改变别人，而不是给他们创造安全感让他们去探索他们能做什么。

教练准备清单

理清自己的思路

- 认清自己的问题。

- 什么会引起执行者的关注?

- 如果你不能让执行者参与进来,你会做什么?

准备对话

- 把对话的 SMART 目标记在心里。

- 准备每个阶段合适的话术。

- 预想执行者可能的反应。

进行对话

- 反复澄清你的意图。

- 运用每一阶段你准备的话术。

- 展现同理心。

- 反复寻求认可。

当参与到"由内到外"的教练对话中时,你就会意识到,你的成就感不是来自于执行者把你看成智慧的源泉,而是来自你看到执行者激发出了信念、热情和专注。你会认识到,这不是关于你的,而是关于他们的。你会看到执行者内在的学习潜力开始浮现,并得到激发,然后执行者信念坚定地说:"嘿! 我可以做到!"

"我可以做到!"(责任)

"我可以做到!"(可能性)

"我可以做到!"(行动力)

这种信念会激发出执行者提升表现的热情。这种信心会让执行者专注在能带来结果的关键因素上，而且专注又反过来激发了执行者的信念和热情，创造出提升表现的良性循环。

问题与思考

✔ 回想一段你最近和某人进行的困难对话：
　✓ 是什么让你觉得这个对话有难度？
　✓ 作为教练，干扰是如何影响你的信念、热情和专注的？
　✓ 你对对方有什么看法？
　✓ 这些看法起到了什么作用？
　✓ 你想要有什么看法？
✔ 谁会愿意和你一起演练一次困难对话？
　✓ 工作中？
　✓ 生活中？

第6章　一个能帮助你的练习
运用GROW模型来准备一次困难的教练对话
请登录网上社区：www.Alan-Fine.com

第 7 章

"由内到外"方法在团队和组织里的应用

> 做出明智的决策并快速执行，是高绩效组织的
> 特点。
>
> 保罗·罗杰斯（Paul Rogers）和玛西亚·布兰科（Marcia Blenko）
> 贝恩公司合伙人

在 20 世纪 90 年代早期，我每年都为 IBM 的一个顾问发展项目培训几次。1993 年，IBM 的业绩跌到了谷底：总收入 640 亿美元，亏损 80亿美元。我看到这家公司开始变得混乱，员工都像无头苍蝇一样。IBM一直被认为是卓越公司的代表。以前，员工在公司里从来没有过不安全感。公司一直都在招聘优秀人才，只要你能胜任自己的工作，你就有饭吃。但现在一切都变了。每个人都担心公司快不行了，但是没人知道怎么改变局面。公司里弥漫着负能量，人们都觉得"现在糟透了""我们完蛋了""我真倒霉！我怎么才能保住工作"。

1993 年 4 月，郭士纳（Louis Gerstner）加入 IBM，取代前 CEO 成为新一任 CEO，事情很快开始有所改观。第二年 IBM 就实现了扭亏为盈，销售收入 641 亿美元，利润 29 亿美元，而且在郭士纳任 CEO 的 9 年时间里，IBM 一直有着很好的表现。这是商业史上很值得称道的一次扭转局面的案例。

当我从 K3F（知识、信念、热情和专注）的角度来分析整件事情时，我意识到：郭士纳并没有改变组织中的知识，他改变了人们的关注点，他把人们的关注点从"对局面的悲观抱怨和想办法保住自己的职位"上

转移到立即采取可行的行动上。他让人们专注在一些马上可以采取的行动上来消除干扰,增强他们的信念。人们开始说:"哦,这是我下一步需要关注的。"而不是说:"这没什么希望。"信念的增强会带来更多的动力。这样,公司开始积聚正能量,形成了提升表现并改善结果的正向循环。

简言之,像 IBM 这样在公司层面发生的事情是和吉姆学网球这样个人层面上发生的事情本质上是一样的,即创造专注,减少干扰,提升表现。

在本章中,我们会讨论如何运用"由内到外"方法来帮助团队和公司创造突破性的表现。虽然本章会聚焦在商业组织方面,但是原理适用于各种团队和组织,包括体育团队、社区组织、乐团和家庭等,这方面的内容你将在下一章看到。

一说二做三沟通 (SayDoCo™): 高绩效文化的核心

解决个人表现问题和解决团队 / 组织表现问题的关键区别是复杂程度不同。在团队和组织中:

✔ 你要面对不同需求 (甚至竞争资源) 的人们,并推动大家一起做出快速、准确的决策。

✔ 你不但要处理个人的"故事",还要处理团队和组织的"故事"。

✔ 你不但要处理单个团队成员的问题,还要处理团队成员之间的协作问题。

✔ 你不仅要考虑外部的现实情况 (如经济环境、市场因素、竞争、政府政策、股东的要求等),还要考虑内部的实际情况 (如组织架构、流程政策和组织文化等)。

对很多人来说,大幅增加的复杂性本身就是一种干扰,经理们最常见的处理复杂性的方式就是运用"由外到内"(+K) 的方法。他们把大量的时间和金钱花在参加各种培训上,如"授权""参与""信任"和"责任"等方面的课程。因为他们相信这四个要素可以带来更好的团队表现。但是就像我们在第

1 章中提到的，每年公司都把几十亿美元的钱投在培训和咨询上，但大部分知识是重复的，而且没有被运用在公司里。

作为一个威尔士人，我总是喜欢把事情落实到具体的关键点上。因此，当我考虑这些基本概念时，我首先想到我们都愿意和这样的人共事。

- ✔ 说明他们要做的（Say what they will do）。
- ✔ 做他们所说的（Do what they say）。
- ✔ 如果他们发现有困难，会和你沟通（Communicate if they find they can't）。

我称之为"SayDoCo"，即"一说二做三沟通"。SayDoCo 是组织的命脉，是快速、准确决策和彻底执行的关键，是人们通过协作达成可预测的稳定结果的关键。当人们能够 SayDoCo 时，授权、参与、信任和责任自然就会加强。反之，这些高绩效的基本条件就被破坏了。

当我和团队一起工作时，我经常问大家：他们自己能不能做到 SayDoCo 时，大多数人都回答是。但当我再问他们，同事们是否经常做不到 SayDoCo 时，几乎所有人都说是。前后两个问题一对比，他们才会意识到这说明了什么时，大家常常会陷入沉默。显然，人们认为自己所做的和实际他们所做的之间有很大的差距。

是什么让人们做不到 SayDoCo 呢？和阻碍人们的表现一样，也是因为干扰。人们害怕"说明白他们要做的"，因为他们担心自己做不到。他们担心，自己会分心或跑偏，或出现一些事情打乱他们的计划。他们害怕他们老板和同事失望，或如果他们做到了就会被要求做更多。结果，他们就很犹豫，要不要做出承诺。或者，他们会在会议上做一个明知做不到的承诺来取悦老板。他们会曲解事实，甚至通过说谎来逃避或拖延别人的质问。

人们做不到"做他们所说的"，因为他们会做不现实的承诺或让事情偏离轨道。有时他们因为害怕而畏手畏尾——"我做不到""我可能赶不上截止日期了""如果我老板不喜欢我的工作怎么办"这些都压制了他们达成任务所需的信念、热情和专注。

人们也不会"当他们发现有困难时马上沟通",因为他们的焦虑和担忧让自己分心,而没有专注在工作上。他们担心,重新申请所需资源会被看作承认失败。为了不成为替罪羊,很多人会对困难视而不见,期望什么都不做就可以让所有问题最后都自动解决。

这些阻碍 SayDoCo 的干扰造成了人们之间的不信任。他们开始坚信自己不能依靠别人的承诺,甚至整个团队的能力(信念)。有了这种观念,他们很有可能不再对工作有激情或全身心投入(热情)。他们常常会有负能量——讥笑、指责、中伤或内斗,他们宁可把精力放在明哲保身和混日子上,也不做 SayDoCo。

当管理者用"由外到内"的方法来解决这些问题(他们发现团队缺乏授权、参与、信任和责任)时,他们的努力最后不但不能解决问题,反而会产生更多干扰。一个朋友最近告诉我他在化工行业的经历。

几乎每年公司管理层都有新倡议、新战略或一些所谓快速见效的药方,但这些都让公司每况愈下。很快,公司的高层就让员工不知道该在工作中专注在哪个方面了。年度战略会议变成了另一个巨大的干扰因素,这些会议把我们从目标上越拉越远。我觉得这是管理层无意中产生的不良后果。他们想帮我们,但是他们所做的却造成和自己预期相反的结果。

利用"由内到外"的方法,把关注点放在营造一种保持高绩效的组织文化上,就可以减少干扰,进而可以帮助员工持续激发信念、热情和专注,让人们能够更有创造性地通过更好地协作来达成共同目标。这样可以创造出能够让绩效持续提升的动力。

SayDoCo 的影响

SayDoCo 是加强授权、参与、信任和责任的基础,也是建立一种长期高绩效文化的基石。举个例子，盖洛普的研究表明当员工真正全身心投入到工作中时，公司会得到以下的收益：

- 员工保持低流失率的概率增加 50%；
- 客户满意度高于行业平均水平的概率增加 50%；
- 人均效能高于行业平均水平的概率增加 38%；
- 获得更多利润的概率增加 27%

根据 BlessingWhite 在 2008 年的研究显示，北美的员工中只有 29% 的人在工作时是投入的，19% 的人完全不投入，另外 13% 的人因为积极性被打击，也有变得不投入的风险。2007 年的韬睿全球劳动力调查（Towers Perrin Global Workforce Study）指出，全球员工的投入度只有 21%。

通过加强 SayDoCo，团队和组织可以提升成员的投入度（也包括其他的高绩效要素）。提升 SayDoCo 的方法就是专注。

一般来说，低授权、低参与、低信任和低责任是不能做到 SayDoCo 引起的深层问题的症状。"由内到外"的方法可以减少阻碍 SayDoCo 的干扰。在团队和组织中减少干扰的方法和在个人方面的方法是一样的，即通过专注来实现。简单来说：

- ✔ SayDoCo 是创造高绩效文化的关键。
- ✔ 减少干扰是提升 SayDoCo 的关键。
- ✔ 专注是减少干扰的关键。
- ✔ 我们可以运用 GROW 模型来创造专注。

在团队中运用 GROW 模型

公司是由一个个团队组成的，包括高管团队、销售团队、市场团队、质量团队和项目团队等。让我们来看在一次典型的团队会议上如何运用 GROW

模型来消除干扰因素。

想象现在是下午 4 点半，你正在参加一场应该一个小时前就结束的会议。当有人继续发言，肯定会让会议进一步拖延时，你变得更沮丧了。你不由得在想："这些会总是花很长时间，但什么问题也解决不了。"当你背靠在椅子上思考为什么会这样时，你旁观着会议上正在进行的这一切：一个团队成员一直在不停地说；其他几个人一直在来回争论谁对问题的看法或解决办法是"对"的；在没有提供数据和说明目的的情况下，一个团队成员一直在坚持自己提出的解决方案；心里都有自己想法的团队成员没办法在同一个频道上沟通；一个经常能提出好办法的人被气得说不出话来，面色铁青地坐在桌子的另一头。

显然，会议正在按照"潜规则"进行着。一个团队成员不断提出以他们部门为中心的解决方案。另一个则一再提出明显是讨好领导的想法。一个女同事不停地看着表，她好像对所有的方案都没意见，只要能让她赶紧下班就行。显然，她这么做不会对大家的共识有任何承诺。

每个参会者脑子里的各种疑问会让他们自己分心。"到底是谁召集开的这个会？""会议的日程是什么？""谁应该来主持会议？""别人也像我一样讨厌这次会议吗？""即使我们就一个方案达成共识了，人们真的会去执行这个方案吗？""大家真的认可这个方案吗？""工作分配和责任是否清楚？""我们是不是一直在重复不断地开同样的会，尽力去解决同样的问题？"

人们往往开会都是这样，而且可能已经被搞得筋疲力尽了，但是我们却没有方法来帮助自己搞清楚到底是什么原因造成了现在的局面以及我们该怎么办。

像个人一样，团队通常也可以通过 GROW 模型的四个阶段来做出决定。但是人们会以随机无效地顺序来沟通：经常没有对 SMART 目标有清晰和共同的认识；团队成员花了很多时间在争论现状、评判方案，而且从不对共识的行动计划做出承诺。结果，大量的时间、精力和资金都被浪费了——不仅是会议，也包括其他重复性的工作。

不管你什么时候开会，只有五个团队成员有着各自不同的目标、现状以及对方案和行动的不同看法都会把会议搞得混乱不堪（见图 7-1）。

给出一个决策流程的通用框架能够让团队成员更加有效地互动，更快地找到有效的行动计划，大大消除干扰，增强 SayDoCo，提升团队绩效（见图 7-2）。

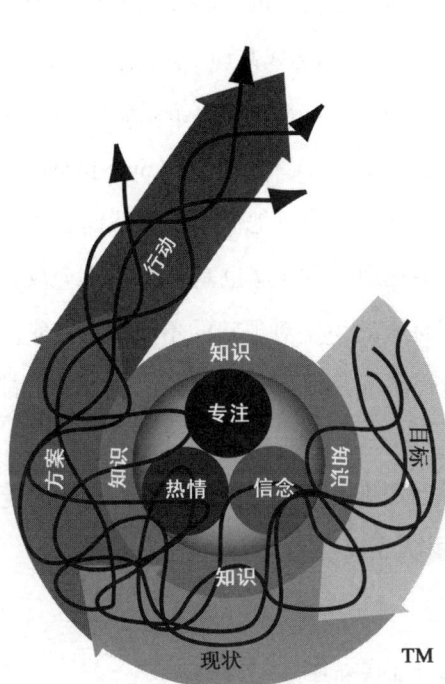

图　7-1

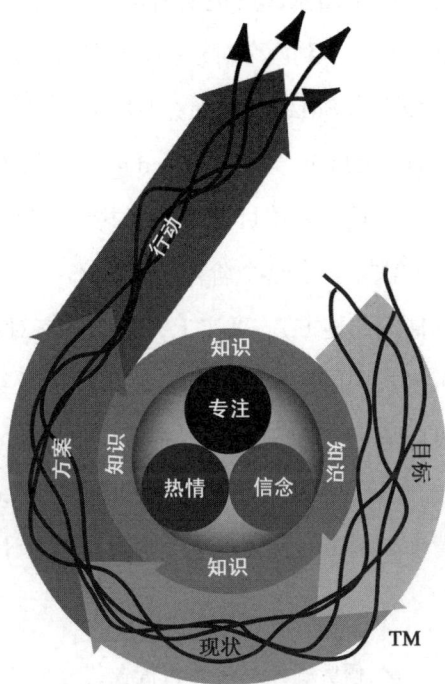

图　7-2

下面的案例将向我们展示 GROW 模型在团队中的运用。在这个案例中，我们要处理一个小公司面临的挑战——在保持甚至提高客户满意度的同时更加经济地达到运输要求。

为了对整个流程的基本步骤有相同的理解，团队在大白板上分为四个区域来记录 GROW 模型每个阶段的讨论内容。在决定了谁来主持讨论之后，团队成员专注在对会议的目标给出自己的建议上——"接下来的两小时我们要得到什么结果？我们要解决什么问题？"

通过这些问题来让团队成员：

✔ 专注在会议的目的上（排除各种分散注意力，可能产生干扰的议题）。

✔ 感受到整个团队对于在限定时间内解决问题的共同承诺。

✔ 对整个团队在限定时间内解决问题有更现实的认识。

✔ 提升解决方案的精确度和大家对此的承诺。

一个团队成员把所有的想法记录在表 6-1 右上角的方格里，然后所有团队成员就一到两个对于提升绩效起关键作用的目标达成共识。这次会议的目标应该符合 SMART 原则。对团队来说，SMART 代表着具体（specific）、有意义（meaningful）、共识（agreed to）、符合实际（realistic）和有时限（time-phased）。

一旦大家就目标达成了共识，每个人就可以分享他们对于团队面临现状的看法了。在这个阶段，大家不一定需要达成一致（这也是很多团队会议陷入僵局的地方）。事实上，只要大家对目标有共识，对现状的不同理解其实能带来不同的方案。因此，让团队成员畅所欲言非常重要，而且这样每个人都可以从别人的角度来了解团队的情况。

基于团队共识的流程和时间安排，能促使团队成员在表达他们想法时更清晰、简明。另外，这个阶段也可以让团队成员：

✔ 对问题有全面和准确的认识。

✔ 倾听别人，同时相信自己的观点会被倾听和理解。

✔ 相信解决方案将包括团队每个人的想法。

现状记录在表 7-1 右下角的方格里。

在关于现状的看法都呈现出来之后，团队就可以开始头脑风暴想方案了。在这个阶段，不评判每一个方案至关重要。这样可以激发大家的创意，"跳出框框"进行思考以及相互启发各种想法。方案记录在表 7-1 左下角的方格里。

一旦所有的方案都收集全了，团队就进入了行动计划阶段。这时我们就需要评估每个方案了。大家需要聚焦到那些有可能产生期望结果的方案上。基于这些可行的方案，团队成员定出时间安排并进行分工，以便开始行动。行动记录在表 7-1 左上角的方格里。

表　7-1

行动（Way Forward）	目标（Goal）
负责规划的人 ● 联系各部门，尝试找出接下来马上要进行的工作，然后在事前先做些准备工作 ● 联系 IT 部门，看看电脑软件是否可以更新，并记录每个客户的货运要求 ● 在一个月内再开会，评估并做好下一步计划	● 建立一个既能减少运输费用，又能保持（甚至增加）客户满意度的计划
方案（Options）	**现状（Reality）**
● 负责规划的人可以联系各部门，尝试找出接下来马上要进行的工作，然后在事前先做些准备工作 ● 接收订单的人、运输路线规划的人和打包的人可以交叉训练，在高峰时刻互相帮助 ● 负责规划的人可以联系 IT 部门，看看电脑软件是否可以更新，并记录每个客户的货运要求 ● 负责规划的人可以联系在不同客户地点的接待人，以找出客户明确的货运要求 ● 负责规划的人可以回顾过去一个季度运输量的变化情况，以此来预测以后的运输需求，在工作不繁忙的阶段提前准备未来的订单	● 货运费用增加 ● 订单没有及时传递给运输部门，因而无法选择最便宜的运输方式 ● 大部分订单会在每天下班时大量涌入，导致员工没有时间高效、有序地处理订单 ● 订单修改以及特殊处理的要求经常是到最后时刻才提出，这让工作人员经常措手不及 ● 工作量不平均，接收订单的人和运输路线规划的人工作特别忙，但是给货物打包的人却坐在那儿等着文件处理完。有的时候情况也会反过来

　　"团队 GROW"的目的是，把团队的关注点从对于目标和现状的指责和抱怨上转到让大家思考可以做什么上（通过大家一起讨论 GROW 模型的每个阶段），把关注点从"为什么做不到"转移到"可以做什么以及怎么做"上。关注点的有效转移可以大大消除内部干扰，包括团队成员互动方式所产生的干扰。这也提高了团队成员 SayDoCo 的能力，因为共识的目标和每个人的现状很清楚，方案代表了所有人参与产生的最佳想法，同时行动计划符合 SMART 原则且易于执行。人们更多的专注在实现目标上而不是担心他们能不能做到上。与担心别人会怎么想比，团队成员更有兴趣在需要的时候进行沟通，从而快速找到修正方案。

　　这些年，当我观察各种各样的团队把 GROW 模型运用到各个方面，尤其是商业环境时，我发现：如果团队能够认真并严格地按照 GROW 模型的流程来做，一般都能在设定的时间内很好地解决问题，并找到一个有效的行动计划。但是那些不按 GROW 模型的流程来做的团队，往往就会陷入困境，而解决不了问题。

针对团队的 GROW 问题列表

GROW 模型四个阶段的团队问题和个人问题略有不同。如果团队能有效运用这个问题列表，将会对解决问题有很大帮助。

目标（Goal）

- 我们要讨论什么议题？

- 通过这次讨论，我们想得到什么结果？（我们的 SMART 目标是什么？）

- 如果我们达不到目标，会有什么后果？

现状（Reality）

- 简言之，现在的情况是怎样的？

- 目前为止，我们做了哪些努力？

- 现在的结果是怎样的？

- 对我们来说，障碍是什么？对别人呢？（如果别人与此事也相关的话。）

- 我们的目标是否可行？

方案（Options）

- 如果我们可以不受限制地做任何事情，我们会做什么？

- 如果别人加入进来，他们需要看到或听到什么，才能引起他们的关注？

- 反思我们解决这个问题的过程，我们该如何改进？

- 有没有哪些方案是我们特别感兴趣，需要进一步深入思考的？

- 如果根据目前的这些方案开始行动，我们该怎么做？

行动（Way Forward）

- 哪些方案是我们觉得不错并想采取行动的？

- 我们该怎么做？

- 我们面对的阻碍是什么？

- 我们应该怎么克服阻碍？

- 我们下一步做什么？什么时候开始？

一般来说，团队应该避免的常见问题和个人方面是一样的。

1. 目标：确保目标符合 SMART 原则（具体、有意义、共识、符合实际和有时限）。
2. 现状：确保对于现状的认识全面和准确。注意：这个阶段不用达成共识，以确保每个人都可以自信地说出他所了解的现状。当团队成员被迫认同某一种对现状的认识时，团队很容易陷入僵局。
3. 方案：确保团队真正进行了头脑风暴。
4. 行动：确保行动计划符合 SMART 原则。

作为工作的一部分，绝大多数经理可以自如地运用 GROW 模型。但是，考虑到团队每个人的情况不同，有时找一个外部教练来带领团队解决问题会更有帮助。

面对一群敌对的员工

让我们来看一个例子。作为一家小型市场营销公司的总裁肯（Ken）如何用 SayDoCo 和 GROW 模型来扭转公司局面。很多年来，肯和理查德（Richard）一起管理着公司。在和理查德发生了一次争论之后，肯开始自己一个人管理公司了。他面对着一群怀有敌意的员工，部分原因是他在管理公司方面没有经验，而且他做事的方式在一定程度上造成了大家对他的怀疑和不信任。但是大部分原因是理查德在员工面前指责他"把所有的事情都搞砸了，甚至包括天气"。理查德看不起肯，甚至告诉他不要来公司了，坚称没有人喜欢他的管理方式而且没人希望他待在公司里。当肯问一些公司的具体情况时，理查德总是说得含糊其辞。总之，肯没到公司而是在家里上了几个月的班。

但是，随着理查德的离去，肯不得不回到对他有抵触情绪的公司来。肯很紧张，他担心员工不把他放在眼里，用他自己的话说："我成了他们所有后果的替罪羊。我需要一个计划来帮助我搞清楚我哪些方面做错了，以及我和员工怎样才能解决问题。我需要员工愿意再给我和公司一个机会。"

在这种情况下，肯了解到了 SayDoCo 和 GROW 模型，并决定在他第一天回到公司的时候把这些工具用起来。显然，一些关键员工对于他的归来很不开心。有一个员工在他回来的第一天就只跟他说了不超过 5 个字，而且两周内就离职了。但是，肯一直坚持关注在 SayDoCo 上，他和每一个关键员工都用 GROW 模型进行沟通。最后，大家都坦诚表达了他们的担心。他用"由内到外"的方法解决了一些非常有挑战的问题。最终，他招聘了一位 CFO，并组建了管理团队。另外，他为员工们安排了一次静修来用 GROW 模型讨论并产生了他们的年度计划。6 个月后，他说：

> 大家又开始信任公司了，而且都全力以赴地投入到工作中。就像一个以前不满的员工所说的，我们公司经历了一次全面的转型。这些工具给了我们很大的帮助。人们愿意信任我，更重要的是给公司一个机会。而且随着局面的扭转，我们能完成大部分目标，我也能自信地领导团队了。

通过自己做到 SayDoCo 和把 GROW 模型应用在公司里，肯创造了一种 SayDoCo 文化，并通过提升授权、参与、信任和责任来扭转公司的局面。

在员工的差异和团队协同之间搭起桥梁

在团队和组织中，GROW 模型可以简化人们一起协作时的复杂度（包括不同年龄、经验、性格以及文化等）。这在当今这个跨文化时代中就显得尤为重要了。虽然在不同文化和国家中，人们在风格上有差异，但是我还没有发现人们在做决策的流程方面有什么差异。

一位在大型跨国公司带团队的管理者跟我说，GROW 模型帮她找到了让多元化团队一起更好工作的方法。

我领导着一个 12 人的团队。团队成员很多元化：我是美国人，我们有一个加拿大人、一个沙特阿拉伯人、几个德国人、一个英国人、一个意大利人和一个奥地利人。过去我们常常在澄清现状方面争执不下。我们很喜欢讨论问题的细节，但是没有办法推进到方案阶段去做决策。所以，我们要把团队从这种困境中拉出来。现在我们会停下来，找一个大白板，在上面画出 GROW 模型的四个阶段，然后以 GROW 模型为基础重新开始讨论。当我们无法达成一致并做出决定时，GROW 模型确实帮助我们打开了局面。

这位经理也提到了一个多元化团队一起工作时应该注意的重要事项。

在任何团队中，你都要很小心，因为个性最强或英文说得最流畅的人会在不顾及其他人想法的情况下，影响大家以他为主做出决定。但是这样的决定往往在后期会带来大量返工甚至推倒重来，就会浪费大家很多的时间和精力。

但是一旦我们真正在一开始就达成了一个共识的决定，我就几乎不用追踪大家的工作，因为团队成员对此都有承诺并且会做到。我认为这是 GROW 模型真正帮助我们的方面，因为 GROW 模型提供了一种结构化的方法让每个人都能畅所欲言，而不是让我们浪费时间在后续的会议上重新讨论。

我还发现，如果一个人觉得他对现状的看法没有得到团队的认可，他就陷入现状这个阶段不能自拔。当整个团队在讨论方案时，房间后面的人突然说"我觉得真正的问题是……"团队其他人会说："你到底在说什么？那是现状阶段讨论的内容，我们 45 分钟前就已经讨论完现状了。"但是，显然这个人并不觉得团队的其他人认同了他对现状的看法。

受到各自国家不同文化的影响，在我的团队里，美国人和德国人会说："现状已经讨论完了，你错过了，让我们继续。"但是更多地中海国家的成员会说："嘿，我们还没准备好讨论现状。你们不能因为我们的做事方式和你们不同，就忽略我们。"

因此，我们发现让每个人把想法写在大白板的 GROW 模型的对应部分非常重要。如果我们把大家的想法都写在白板上，大家都会说："好的，每个人都知道我是怎么看现状的了。我们可以进行下一步了。"

当团队成员学会怎么运用 GROW 模型后，他们就可以把各个方面的差异（文化、经验、性格或年龄等）从相互干扰的状态转变为相互协同、相互激发的状态了。这让他们可以提高决策效率，创造出更多、更好并更可行的方案。

作为领导力和管理工具的框架

GROW 模型也可以为管理者已经具有的各种管理工具提供一个重要的框架。GROW 模型不会干扰这些工具的发挥，反而会让这些工具发挥更大的价值（见表 7-2）。

表 7-2　其他工具如何与 GROW 模型整合

行动（Way Forward）	目标（Goal）	方案（Options）	现状（Reality）
● 项目规划 ● 战略规划 ● 行动计划 ● 战术规划 ● 时间管理 ● 双赢共识	● 目标制定 ● 不同目标的整合联动 ● 使命 ● 愿景 ● 价值观 ● 战略规划	● 头脑风暴 ● 产生创意 ● 形成愿景 ● 创造解决方案 ● 心智地图（Mind Mapping）	● 平衡计分卡 ● SWOT 分享 ● 力场分析 ● 团队评估 ● 性格评估 ● 策略分析 ● 组织设计分析 ● 领先与落后指标分析

很多管理者告诉我，用这个框架来分析他们正在做的事给了他们一个全新的视角。GROW 模型帮他们认识到，他们正在做的事情处在决策的哪个阶段。他们把 GROW 模型当作一种指导方向的工具，可以帮自己更有效地使用其他各种管理工具，并防止他们陷入细节当中。

在学习了如何使用 GROW 模型之后，一家高科技公司指出，他们正在使用的销售管理工具（目标客户销售 TAS—Target Account Selling）可以作为澄清现状的工具。他们觉得 TAS 可以让他们更加准确地了解现状。虽然这家公司之前就一直在用 TAS，但他们发现 GROW 模型提供了一个更好的角度来让他们把 TAS 变成更加有效的工具来满足解决问题的需要。

以此类推，大部分为提升绩效而设计的工具都可以用 GROW 模型来整合。这些具体工具可以放在 GROW 模型的某个阶段提供给大家更多的启发。另外，还有一些工具可能会适合 GROW 模型的多个阶段，比如性格测评和战略分析可以用在行动阶段，也可以用于深入分析现状。在使用这些工具时请注意一点，确定这些工具不是在制造干扰，而是在消除干扰。

创造整个组织的关注

如大家所知，创造专注对表现有着直接的影响。每个组织都需要在三个层面解决表现问题：组织层面、团队层面和个人层面（见图 7-3）。在当前的经济形势下，加快每个层次的决策效率是至关重要的。在某些情况下，这甚至决定着组织能否继续生存。通过提高专注力，GROW 模型会推动各个层面决策效率的提升。

CEO 和高管们可以在以下方面运用 GROW 模型。

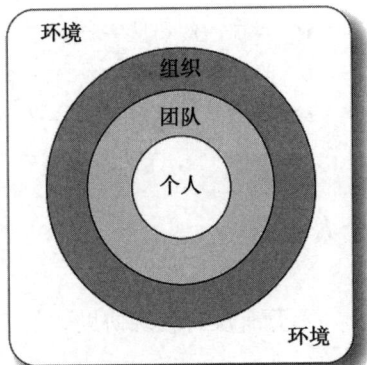

图 7-3　组织层面

- ✔ 了解外部环境，并思考"我们可以努力获得或贡献什么？作为一家公司，我们的目标是什么？我们可以满足外部客户的哪些需求？"
- ✔ 了解经济、地理及市场现状，然后制定合适的公司战略。在当今的商业世界，GROW 模型这种可以不断重复使用的工具尤其有用，因为外部环境变化太快，我们不可能制定一个一劳永逸的战略。在外部环境不断快速变化的情况下，我们必须了解外部市场状况并及时做出调整，否则很快就会被市场所抛弃。
- ✔ 了解公司内部情况，并思考"我们该如何实施我们的战略？""作为一家公司，我们需要做什么来实现目标或满足客户需求？""我们的系统、架构和政策是否专注在关键要素上？或者有没有造成干扰？""我们需要解决的现实问题是什么？""我们的现状是怎样的？""我们的优势是什么？""我们正在失去什么优势？""我们需要引入什么人才？""我们了解什么？不了解什么？"这些问题可以帮助我们找到更好的方案。

团队层面

GROW 模型能够有效地把公司目标分解到销售、市场、客户服务和其他团队层面，来保证公司目标的实现。管理者可以用 GROW 模型：

- ✔ 在自己特定的工作职责内，澄清目标，搞清现状，找到方案并制订行动计划。
- ✔ 和自己的团队一起解决绩效问题。
- ✔ 改善团队成员的协作方式。
- ✔ 辅导团队成员，准备必要的有难度的对话。

个人层面

不管有没有教练协助，员工都可以用 GROW 模型：

- ✔ 将自己的努力与组织的目标结合在一起，不断提升表现；
- ✔ 准备和同事或上司的有难度的对话。

GROW 模型的最终目的是激发组织中的知识、信念、热情和专注。在组织的每个层面，专注都能帮助人们把目标变为行动，并且准确、快速地提升表现。GROW 模型为人们在特定岗位和情况下，处理问题、化解担忧并找到可行的行动计划提供了方法。

另外，GROW 模型还有一个好处——增强人们 SayDoCo 的能力。GROW 模型通过为组织从上到下提供一套共同的增强沟通和执行效果的流程来帮助组织更加聚焦。

　　如果公司内部无法进行活跃的对话——通过开放、真诚和轻松的方式讨论当前的实际情况，你就不可能建立一种真正的执行文化。

　　　　　　　　　　霍尼韦尔国际公司前 CEO　拉里·博西迪（Larry Bossidy）

　　　　　　　　　　商业顾问、演说家和作家　拉姆·查兰（Ram Charan）

具备信念、热情和专注的组织

　　不管是在体育、公司、家庭或其他组织里，一些人曾有过作为高信念、热情和专注团队成员的经历。在这样的团队里，我们认同团队的使命、愿景和文化，并且全身心投入其中，有强烈的感觉："我想在这个团队里！我要成为其中一员！"一些人则有相反的经历，在那样的团队中，我们自己一刻都不想待下去，所以会不停在看表直到下班回家或去做一些更有意义或有趣的事情。只要观察，我们就能发现这两种团队之间的巨大差别（见表 7-3）。

表 7-3　信念、热情和专注在组织上的差异

	具　备	缺　乏
信念	有一种对目标和使命的紧迫感，并且这种紧迫感被各个层面的成员所理解和认同。人们有强烈的"我可以"的信念，以及对组织有能力高效学习适应变化的坚定信念	充满恐惧和怀疑，或缺乏对价值观的清晰共识，而且对组织能否适应多变的环境毫无信心
热情	充满渴望达成组织目标的积极能量	充满了冷漠，缺乏积极性，被动地服从（而不是主动承担）。组织中充满了负能量，表现为政治斗争、恶语中伤和相互批评
专注	能精确找到达成组织目标的关键任务，并且每个层级的成员都对关键任务高度关注	充斥着误解、混乱、重复的工作、资源的浪费和差劲的执行

　　一个有信念的组织会有一种对目标和使命的紧迫感，并且这种紧迫感会被各个层面的成员所理解和认同。人们有强烈的"我可以"的信念，以及对组织有能力高效学习适应变化的坚定信念。一个没有信念的组织会充满恐惧和怀疑，或缺乏对价值观的清晰共识，而且对组织能否适应多变的环境毫无信心。

　　一个有热情的组织充满渴望达成组织目标的积极能量。一个没有热情的

组织则充满了冷漠，缺乏积极性，被动地服从（而不是主动承担）。组织中充满了负能量，表现为政治斗争、恶语中伤和相互批评。

　　一个有专注力的组织能精确找到达成组织目标的关键任务，并且每个层面的成员都对关键任务高度关注。一个没有专注力的组织充斥着误解、混乱、重复的工作、资源的浪费和差劲的执行。

　　就如"由内到外"方法可以帮助教练从知识、信念、热情和专注的角度来分析一个人的表现一样，它也可以帮助管理者透过同样的角度来看待团队和组织。当团队和组织具备了知识、信念、热情和专注这四个要素并不断发展时，就会产生突破性的表现。

问题与思考

✔ 回想你在团队或组织中的工作经历。你发现团队成员互动的复杂性造成了哪些干扰？这种干扰是如何影响你的表现和团队表现的？

✔ 当你的同事能做到 SayDoCo（说明他们要做的，做他们所说的，如果遇到困难立刻沟通）时，会出现什么情况？当他们做不到 SayDoCo 时，又会出现什么情况？这对你或团队的表现有什么影响？

✔ 当你能做到 SayDoCo 时，你注意到自己会怎么样？当你做不到时，是什么阻碍了你？

✔ 你如何给你所在团队或组织的知识、信念、热情和专注的程度打分？这对表现会产生什么影响？你认为团队或组织需要专注在哪些方面才能提升表现？

第7章　一个能帮助你的练习
评估你所在团队的信念、热情和专注，并运用GROW模型来提升团队表现
请登录网上社区：www.Alan-Fine.com

第三部分

实　　践

第8章
应用案例分享

养成灵活运用正确的方法解决问题的习惯，会让
你最终成为一个拥有智慧的人。

英格兰哲学家和数学家　阿尔弗雷德·诺斯·怀特海德（Alfred North Whitehead）

这些年来，我在推广"由内到外"方法过程中得到的最大快乐就是，听到大家将这种方法以各种富有创意的方式应用在个人、训练、团队和组织等方面。

本章我想和你分享一些成功案例，希望能激发你思考如何把这种方法运用到更多方面。当你在读每个案例的时候，问问自己："我看到了哪些激发信念、热情和专注的事情？是什么事情激发了信念、热情和专注？对表现的提升产生了什么影响？"总的来说，这些案例将帮你理解"由内到外"不仅是一套流程，同时也是一种思考方式以及与他人互动的方式。这种方法可以在很多方面帮助大家减少干扰，加快决策速度，并且提升我们的表现。

案例1：15分钟解决方案：授权员工

一天在我开车去临近城市的路上，我接到了一个员工的电话——这位女员工一直以来都经常抱怨而且工作态度消极。她打电话是要告诉我，她和一个不懂公司流程的客户之间有些问题。如果在过去，我会问清楚问题是什么，然后告诉她该怎么做。但是这次我决定改变方式。当她给

我打电话时，我快开到目的地了，我说："我们有 15 分钟时间来谈谈，你想得到什么结果？"她很快地定下来了一个 SMART 目标。而且，设定好 15 分钟的沟通时间，这促使我们高效地了解现状，并在方案阶段找了几种方案，之后建立了一个行动计划，而且给行动设定了时间。

过了几天，她告诉我，行动计划取得了很好的效果，而且高兴地说："问题解决了！"不仅问题解决了，同时她很开心，而且她很感谢我花时间教她解决自己问题的方法。我相信经过几次辅导，她就完全能自己运用 GROW 的方法和流程了。

案例 2：小孩子也知道干扰

几年前，我教 8 岁的儿子学习乘法表。因为他很喜欢比赛，所以我尝试用一个游戏来教他，我说："让我们用计分表来衡量你的练习成绩，我会为你计时，这样过段时间我们就可以看得出你进步多大了。"我们就这么开始了，儿子的学习有了些成效，但是没有我预想的那么好。

我在工作中学习了"由内到外"的方法之后，一天晚上我回到家，决定把这种方法用在我儿子身上试试。因此，我和他坐下来，说："儿子，咱们的目标是什么？我们要努力达到什么结果？"我们一起讨论目标，然后一起讨论实现目标的方法，儿子跟我说："妈妈，我满脑子都是计时器，这让我很分心。如果你能在我完成测试之后再告诉我成绩怎么样就最好了。但是在我练习的过程中，我们可以拿掉计时器吗？这样我就不用不停看它了。"因此，我说："好的，我们这么来试试看。"我们这么做了，结果他的成绩果然比以往好很多。这说明了，我想到的游戏的方式其实给他造成了干扰。

我开始意识到：作为一个母亲和经理，我总是给别人提供解决方法，而且在我的职业生涯中，我还一直以此为荣。但是 GROW 模型提醒我：别干涉太多，不要一厢情愿地提供那些我认为有效的方法，而是要激发对方思考他们认为有效的方法。在一些情况下，一步步地运用 GROW 模型的流程确实会花些时间，但这是值得的。

案例 3：将 GROW 模型应用于棒球方面

在我学习了"由内到外"的方法之后，我丈夫成了我们 14 岁儿子棒球队的助理教练。在一场城际棒球巡回赛中，孩子们发挥不佳。因此，主教练把孩子们叫到一起，跟他们讲："孩子们，我要你们好好想想你们的目标是什么，把它写在一张纸上，放在枕头底下。"当我丈夫回到家跟我说了教练的做法时，我想："这种方法不错，但怎么才能把目标转化为表现的提升呢？"但是我对这件事也没说什么，球队还继续着糟糕的表现。

这次比赛之后，我跟丈夫说："我很想跟教练分享一些我在工作中学到的提升表现的方法。你觉得这么做可行吗？"他说："我觉得这是个好主意，现在球队确实需要得到更多好建议。"因此，我找到了主教练，解释了关于消除干扰的理念，并提出向教练组成员分享我知道的消除干扰的方法，他说："好的，显然我们没有其他更好的办法了。"他表示愿意去尝试一些新东西。他还说："你知道，也许孩子们也需要学学这些方法。为什么你不先教教他们呢？教完孩子们，你可以回来再分享给教练们。"

在接下来的一周正好有一场比赛，因此，我在当地社区的体育中心租了场地，拿了笔和大白板，带领孩子们用 GROW 模型进行了分析。我们从目标开始，孩子们的第一个目标是"作为一个团队，我们要打出更好的成绩。"我说："好，让我们来进一步分析，作为一个团队，我们怎么做才能打出更好的成绩？"他们讨论出，每个团队成员的表现提升了，整个团队的表现才能提升。因此，他们定出一个团队目标，之后我帮助每个孩子定出自己的目标。

随后，我们分析了现状。他们认为自己发挥得很差，而且不像一个团队，因此而感到挫败。在他们讨论过程中，发现教练实际上也造成了一些干扰。特别是主教练，他总是对孩子们大喊大叫。显然，他认为这种方式可以激励团队，但实际上起了反作用。孩子们会因此而更害怕，不敢去尝试，因为担心如果做错了什么，就会被大声责骂。

接着，我们谈到了方案。孩子们提出了各种方法，比如停赛，找到新的队员，找到一个方法让教练知道吼叫会影响大家打球，让最好的球员上场，更加刻苦地训练等。我告诉他们，如果没有一个目标，只是刻苦训练并不能带来更好的表现。这让他们又加了一个团队目标：赢得马上要参加的这场比赛。

我们把共识的一个方案作为行动计划，即和每一个队员单独进行一次 GROW 辅导。通过对每个孩子辅导，大家都找到了自己的目标。我儿子是一位捕手，他说他的目标是在比赛中把对手六个球员掷出局；另一个孩子要接住 90% 的向他投来的高飞球；还有一个孩子要确保每次上场都能成功上垒。这些目标都很简单，但是它们能够让每个孩子更加专注。

当所有的孩子都有了自己的目标后，我让他们把自己的目标当众告诉整个团队。我们用笔和大白板把这个分享目标的环节搞得很有趣。接着，我们找来教练，让孩子们把目标告诉教练们。事后，我把教练们拉到一旁，和他们分享了我们所做的。基于我和孩子们的沟通，我也说明了教练的喊叫给孩子们造成了干扰。

在那个周末的比赛中，孩子们在第一局就超出了自己定的目标。所以，我们为接下来的每一局以及整个比赛定下了新的目标。最后，球队获得了第二名的好成绩。孩子、教练和家长们都非常激动和兴奋！

下一个赛季来临时，我被邀请加入教练组。我不是一个运动员，而且之前也没做过棒球队教练。但是我通过运用 GROW 模型这个简单有效的方法，真的帮助孩子们消除了干扰，让他们更加专注。

在这次把 GROW 模型用在孩子们的棒球队之前，我已经有过在工作中成功运用 GROW 模型的经验。但是我真的没想到这个方面在孩子们身上带来如此大的提升。最让人感到激动的是，看到他们因此而获得了自尊和自信。我儿子现在 17 岁了，仍然在他的生活和学习中继续运用着 GROW 模型。

案例 4：专注在平衡木的末端

在参加完 GROW 培训的第二天晚上，我去接练习完体操的女儿回家，路上我发现她有些沮丧。作为一名五级竞技体操选手，她整个学期都在为如何在平衡木上做好侧手翻这个动作而苦恼。她练习的时候可以成功地完成这个动作，但是在比赛中却一次都没有成功过。在我们开车回家的路上，她一直跟我说她很沮丧，同时非常渴望能在周六的州立比赛上成功完成这个动作。

我想这也许是运用 GROW 培训所学知识的一个好机会，因此我开始问她问题，帮她把注意力从侧手翻上转移开。我问她，当她成功完成侧手翻时和她失败时的感受有什么不同；我还问她，对于侧手翻来说，是否有一些具体的步骤是她可以专注其中的。我告诉她，如果她能把注意力从侧手翻上转移到其他方面可能会有帮助。

虽然她在车上没想到什么，但当我们到家时，她想让我看她在平衡木上练几次侧手翻。她试了几次，几乎都失败了。我问她，平衡木上有没有一个部位是她做侧手翻时可以看到的。这个问题让她想起了教练先前给她的建议：当她做侧手翻时，把注意力放在平衡木的末端。我也建议她用这种方法再试几次。

结果很让我们吃惊！她终于可以在一趟平衡木上做好几次成功的侧手翻了。她很激动。在成功做了十几次侧手翻之后，她打算试试不用把注意力放在平衡木的末端，但是失败了。当她重新开始把注意力放在平衡木的末端时，她又成功了几次。然后，她就打算回房间睡觉了，因为她解决了这个困扰自己很久的问题，而且我能看得出来她的自信又回来了。

当我周五接她从体育馆回家时，她非常激动，因为在练习中保持了专注，所以练习很成功。在她参加周六比赛之前，我告诉她两件事："享受比赛"和"把注意力放在平衡木的末端"。当轮到她上场做平衡木表演时，她成功地完成了侧手翻，在完成了自己的规定动作之后，她昂首站立给了我们一个很灿烂的微笑。不管比赛中发生了什么，都没有对她造成干扰。她在比赛中达到了自己的目标，这才是最重要的。

案例 5：帮两岁的孩子找到奶嘴

我和妻子有一对两岁大的双胞胎女儿，布鲁克和布里娜。两个小家伙晚上经常睡不好（可能是我经常用电脑加班熬夜影响了她们）。今晚，布鲁克哭着找我来要她的奶嘴。这通常让我很烦，因为当我努力想把工作干完时，她却还醒着缠着要我关注她。

我常常要么不耐烦地直接拿给她，要么叫我老婆给她拿。然后，我会很不高兴地命令她上床睡觉。但是今晚我想用用"由内到外"的方法，对话是这样的：

我：怎么啦？宝贝，你想要什么？

布鲁克：我的奶嘴。（对了！她的目标。）

我：好的，宝贝，你的奶嘴在哪儿？

布鲁克：我不知道，找不到了。（简单地说出了现状。）

我：如果我帮你看看，你要不要试着再找找？（我给她一个方法，在别人的帮助下，自己找到奶嘴。）

布鲁克：好的。（她对我的目标和行动计划都做出了承诺。）

我：如果我帮你找到奶嘴，你愿意去睡觉吗？（抛出我的目标，引导她对这个目标达成共识。）

　　布鲁克：好的（她对我的目标也做了承诺。）

　　我只是做出了四处寻找的动作，但基本上是带着她在找。她很快发现了自己的奶嘴在一些被子下面，而且她很高兴，因为她自己找到了奶嘴。在我夸奖她之后，她很开心地按照我们说好的去上床睡觉了。还有一个意想不到的收获，她的妹妹站起来，也四处张望并找到了自己的奶嘴，还跑过来跟我说："看，爸爸，我也自己找到奶嘴了。"

　　我知道这件事对别人来说是微不足道的小事，但是我想任何有孩子的父母都知道，这对我们来说是多么重要。

案例 6：从批评者到贡献者

　　在我第一年开始在工作中运用"由内到外"方法的过程中，我做了一次至今都记忆犹新的团队教练。当时，我们正在尝试改变公司的文化，让大家更以团队为重。我们的培训团队负责对管理者和基层员工进行一些新的团队课程的培训。

　　当我在给一个部门培训时，一些部门员工不断对我说一些负面的言论："这不管用。""我们的管理层不认可这种方式。""我们每次提建议，管理层都视而不见。"在培训过程中，他们反复提出这些想法。我意识到，这是运用"由内到外"方法的一个机会，因为如果这些挑刺的人不认同，对整个部门来说，就不可能做到以团队为重。

　　我找到这个部门的管理者请他们允许我单独和培训中最心直口快的 6 个人做一次 2 个小时的会谈。管理者同意了，我们顺便确定了会谈的时间。

　　在准备这次会谈的过程中，我在一个大白板上写下了 GROW 模型每个阶段的问题。会谈开始时，我解释了会谈的目的：我想更好地理解他们面临哪些阻碍以及为什么他们觉得培训内容不可行。而且如果有可能，我愿意和他们一起想出一些方法来帮他们成为一个高绩效并以团队为重的部门。

然后，我们用白板找到了 SMART 目标。这很不容易，因为这些人坚信在现在的管理层管理下他们部门是不可能以团队为重的。他们一直把原因归结于外部，而没有关注他们自己可以做些什么。最后，我们达成了一个目标：通过和他们的管理层一起定一个行动计划来提升部门的团队精神。

以这个目标为基础，我开始用白板上列出的问题来让他们专注到现状、方案和行动上。如你所知，他们是团队中最不满的员工，他们说："这不管用。"但是通过这次会谈，我发现他们之所以不满是因为他们特别支持团队合作，并希望大家真的能以团队为重。他们只是太过沉浸在责备管理层方面，而忽略了去思考他们可以怎么做来让团队真正合作。

通过详细讨论并确保每个人的现状和方案都已经被列在白板上之后，我们找出了他们认为最有可能成功的方案，即请管理层停工一天，把三个班组的员工同时召集到一起来讨论如何改善管理层和员工之间的沟通。

一开始，他们觉得这个方案根本不可能成功，因为管理层从来没有因为类似的事情停过工。猜猜他们希望谁去把这个想法告诉管理层？没错，是我。我告诉他们我可以这么做，但是我同时说明：如果他们自己来告诉管理层这个建议，并用 GROW 模型跟管理层完整讨论一遍，向管理层展示他们是怎么得出这个建议的，效果肯定会好很多。最后，两个团队成员同意去找管理层沟通他们的方案。我很高兴地告诉大家，管理层同意了停工一天，而且他们举办了一次很有成效的会议，消除了双方的误解，并帮助他们在团队建设过程中迈出了积极的一大步。

我不能说这个部门从那以后就一切顺利了或者他们一夜之间就变成了一直特别富有团队精神的组织。但是这个部门的确在团队建设方面有了很大进展，而且当我们再举办其他的团队培训时，那些之前挑衅的员工在培训讨论中变成了重要的分享者和支持者。

案例7：81岁老奶奶的艰难选择

我是个81岁的寡妇。最近我开了10年的车坏了。当我请人来看过后，他们告诉我修车要花4700美元。当我去修车时，修车的人跟我说："即使你现在修好了，你车上有一些零件已经用了10年了，随时有坏的可能。你得想想要不要换辆新车了。"

但是我不想换，因为我喜欢我的车。在我丈夫去世之前，他花了很长时间才找到这辆符合我需要的车。这辆车颜色明快，特别好开，而且车是掀背式的。因为我的腰不好，所以我不用弯腰就可以把东西从后备箱里拿出来。另外，我对这辆车很有感情，而且现在可选择的车太多了，这让我不知道该怎么选，加上没有了我丈夫的建议，我就更觉得买辆新车对我来说太难了。我觉得我可能要花几个月的时间来筛选所有可能的车型，然后才能搞清楚该买什么车。

我女儿学过GROW模型，她建议我用GROW模型来想想办法。一开始，她说："你的目标是什么？"我告诉她，我想要一个安全、经济的交通工具。然后，她问："我们现在的现状是怎样的？"我们一边讨论，一边列出了现状。

1. 我对旧车很有感情，但是花4700美元去修一辆已经开了10年的旧车确实不明智；
2. 我需要可靠的交通工具，一定要满足我的个人要求。作为我们当地文字扫盲中心的志愿者总监，我每周要花40个小时在那里工作，而且还要能到我想去的地方，有时候我还需要从超市往家里买一些生活日用品。

我女儿问我："一辆车对你最重要的是什么？"她帮我列出了一些重要的标准，包括低花费、安全性好、性能、后备箱方便装东西、可以在雪地上开的四驱系统等，我补充说不用到很远的4S店修车保养对我来说很重要。我女儿说，这一条标准马上能把我们的选择范围缩小到我们社区旁的两家卖车店。

接着，我们开始找方案。我孙子通过互联网给了我找到一些不同车型的对比信息。我女儿和我先用刚才定下来的标准评估了可能的选择，我们找出了看起来能满足我要求的车型。当我们到了卖车店，很快就确定了买哪款车。

一开始的几天我还对我的旧车念念不忘，而且心疼了一阵子。但是当我开着新车上路之后，我就开始享受新车带来的方便，我对自己的选择很满意，就不再纠结在旧车上了。我惊喜地发现，原以为要花几个月才能解决的问题，实际上我只用了 3 天！

但是这件事还有一段小插曲。大概在我买了新车一周之后，一个朋友跟我谈起她刚买的车以及这车有多棒时，我开始有点后悔了。我告诉我女儿，真希望能了解我朋友的车之后再做决定。我女儿马上把我拉回了现实，她说："当我们在讨论这个问题时，你告诉我你最重要的一条标准是就近服务，是吧？"我说没错。"就近服务这条标准对你来说还是最重要的吗？"我女儿问。我说还是最重要的。她说："如果你买了另一辆车，你需要开到 20 英里以外才能得到服务，而且你说你已经了解了你朋友的车，这对你的决定真的有什么影响吗？"

我立刻意识到不会有任何影响。因为我自己定出了自己的选择标准，又根据这些标准做出了选择，而这些标准并没有变化。我又对自己的决定感到满意了。

案例 8：我再也不背猴子了

当我完成了"由内到外"方法的培训之后，我对自己说："我已经受够了总是告诉别人该做什么了！"当别人来问我该怎么办时，就像把他背上的猴子扔给了我。因此，我说："我不再背猴子了。我不能再替别人做事或替他们解决问题了。"

今天，我接到一个市场部女生的电话，她和上司有些处不来，想从我这里得到一些好建议。我告诉她，我很愿意和她聊聊。我请她留一个小时时间并告诉她，为了帮她找到解决方案，我会问她很多问题。

当我和她见面时，发现她和另外两个同事等着我。他们都和这个上司有些问题。接下来，我开始用 GROW 模型和他们一起讨论。当我在现状阶段问了三四个问题之后，他们打断我说："等等！为什么都是问题？"我说："我在帮你们收集想法，理清思路，这样你们才能找到解决问题的方法。"他们说："我们来这儿不是让你问我们问题的，我们要你告诉我们该怎么办。"我回应道："好的，我可以这么做，但我不认为我告诉你们的就是最好的方法。这次对话之后，我只要回去干我的活就行了，但是你们要回去和上司继续共事。你们对事情的了解比我更全面，所以我觉得你们能找到比我的建议更好的方法。我很愿意给你们建议，但是我不打算告诉你们该怎么做。"然后我说："好的，先说到这儿。让我们一起完成整个流程，看看我们这次对话有什么结果。"

之后，他们说："好的，下一个问题是什么？"

最后，他们找到了比我能给的建议好得多的方法，而且这是他们的方法，他们会更有动力去做。

案例 9：留住一个有潜质的厨师

几年前，我在一家酒店做人力资源总监。一天，我吃惊地看到两个保安架着酒店里一个很有潜质的厨师来到我办公室。显然，厨房一定出了什么事。这个厨师很生气，大喊大叫，其他的人很害怕，所以叫了保安，因为只有保安才能把他手上的菜刀抢下来。因为菜刀比较贵重，厨师们通常都会自己带着，把刀插在围裙的刀鞘里。虽然这个厨师没有造成对别人的伤害，但是保安还是担心冲突会升级，所以他们要求他交出自己的刀。

当我开始和这个厨师交谈时，我发现他很伤心。因此，我就让保安离开了，因为他们把气氛搞得很紧张。他们认为这个厨师很有可能失控，所以想留下来保护我。但是我不怕这个厨师，我决定单独和他聊聊发生的事情。

我让他坐下，然后开始用 GROW 模型和他进行沟通。在他和我分享现状的过程中，他开始对我打开心扉说出自己的心里话。我发现他在和别人交往方面遇到了问题，而且这些问题影响了他与周围很多人的关系，以至于他有丢掉工作的危险。接着，我们一起寻找解决方案，包括继续忽略现在的问题，和他的家人及朋友好好谈谈，寻求员工辅助计划的咨询帮助等。最后，他决定寻求咨询帮助。

过了不久，我收到了他的纸条，他告诉我上次我们的沟通对他帮助很大，而且主厨跟我说："我不知道你做了什么，但是自从他和你谈过之后，有了180度的转变，他之前的问题都没有了。"后来，主厨还专门送来一张贺卡，感谢我愿意和这位有天赋但爱惹事的厨师沟通，帮助他解决问题。

案例10：为孩子找到平衡学习和音乐的更好办法

一天晚上，14岁的女儿来找我给她在一张纸上签字，这样她就可以从新手乐队转到"辅导"班上了。她从四年级开始练长笛，很快就成了新手乐队的首席。对于她的这种举动，我和妻子都为她放弃自己的爱好而可惜。她说她在数学方面遇到了问题，而且她的指导老师推荐了一个在学校上课的辅导课程（我们后来发现老师并没有花时间来了解我女儿的实际情况）。

像往常一样，我和女儿坐下来开始聊她的情况。当问到第二个问题的时候，我眼前一亮，发现这可能是用"由内到外"方法的一个机会。因此，我重新调整思路开始专注在她想努力达到什么结果上（她的目标）。然后，我们回顾了让她纠结的现状（时间、运动、数学、时间、上教堂等）虽然我努力让事情尽量简单化，但考虑到她所面临的问题，这几乎是不可能的。我们太容易关注什么不管用，而忽略了什么管用。

当我觉得已经对她所面临的问题有了全面了解之后，我开始让她思考解决方案——不仅是她已经想到的，还有其他她认为可能会有什么限制的办法。虽然她提出的办法都不让人意外，但是我能感觉到她是花了心思想出来的。我很小心，没有去打断他，只是倾听，然后在合适的时机进一步追问还有没有其他办法。最后，我在得到她同意后，给了她一些建议。

然后，我们开始确定行动计划。虽然没有马上找到一个具体的计划，但是我们找到了几个让她可以开始行动的优先任务，当我问她是否认可这些时，她很快就接受了。

现在，她已经采取了其中的一个办法，而我也和她的指导老师见面沟通了她的情况。事实上，还有一些办法没有被考虑到，因为我对她的情况没有全面的了解。我们很有可能在提高她成绩的同时，能让她继续留在乐队。即使她要放弃乐队来上辅导课程，她还可以上一个更满足她需求的数学辅导班。

更重要的是，因为我和女儿用这个方法花了很多时间和精力来一起解决问题，而且这个方法提供了很好的思路，女儿和我的沟通更加开诚布公了。

案例 11：治疗女儿的厌食症

一年多以前，我 16 岁的女儿被诊断出得了厌食症。她的体重降到了 86 磅[⊖]，而且还因为体重过轻导致她的肺部也出现了问题。在尝试了几种办法都不成功之后，我们最后发现一种以家庭为基础的疗法有效。在很短的时间内，她的体重开始增加，而且她可以正常地看待饮食了。对我们来说，这是特别大的成效。

但是她还有两个问题没有解决。第一，她会周期性地暴饮暴食（吃超量的东西，这是厌食症患者恢复过程中的常见情况），这让她情绪很低落。第二，她疯狂地关注在数字"111"上。我们告诉她，如果她的体重降到了 110

　　⊖　1 磅 =0.4536 千克。——译者注

磅以下，我们会加大饮食计划并让她减少运动。而她不希望自己的体重超过
115 磅。因此，她就把目标定在 111 磅上。"111……111……111"这种过度的
关注对于治疗没有任何帮助，但是她好像沉溺于其中无法自拔。

当我提出用 GROW 模型来帮助她解决这些问题时，她同意了。我们一起
坐在后门的台阶上，我递给她一张 GROW 问题表。当我们讨论每个阶段时，
她都很认真地记录着。

当我们讨论她的目标时，她开始意识到问题并不在数字上。她真正想要
的是健壮、有优美的线条、古铜的肤色、精力充沛而且有耐力。当我问她如
果达不到她的目标会有什么后果时，她说她会不开心，并且会对自己的体型
不满意。

当我们讨论现状时，她承认自己已经有了很大的进步，而且在做很多对
的事情——跑步、游泳、健康饮食，但是暴饮暴食让她感觉很不好。当我问
她到目前为止什么方法对她最有效时，她说散步和做一些能把她的注意力从
食物上转移开的事情，比如深呼吸。但是有时管用，有时不管用。当我问她
面对困难有什么感觉时，她说有时候她会开始觉得焦虑、生气和失控。但她
没办法准确说出是什么刺激了这些感觉。这让她很害怕，并开始胡思乱想。

在我问她觉得目标是否符合实际之前，我让她相信我们每个人都有感到
焦虑、生气和失控的时候。我说："实际上，你不会总是感到健壮和精力充沛，
而且也不会总是能百分百地执行饮食和运动计划。所以，你觉得这个目标现
实吗？你觉得能做到 80% 吗？"经过一番思考，她说她觉得目标不太实际。
因此，她调整了目标。（对于她这个经常在学校考试中得 4+ 平均分的完美主
义者来说，这是一个巨大的突破。这大大降低了她的焦虑程度，并提高了她
应对挑战的能力。）

我们讨论了一些方案：我丈夫和我为她制订饮食计划，她可以和别人一
起吃饭，她可以吃得更慢，她可以列出一些能让她从对饮食、体重和焦虑的
担心中分心的活动，比如画画、陪宠物玩、散步或者用电脑等。

在评估了这些方案之后，她删掉了一些她觉得没办法控制的以及和上学时间冲突的方案。她最后选择的行动计划包括：

1. 事前设定每一顿饭的健康用量。
2. 在达到规定的用餐量时，理性提醒自己已经吃饱，记录下自己的感受，然后开始忙其他事情。
3. 当她感到"快要失控"时，立即给我打电话求助。
4. 请妹妹协作，帮助自己不要专注在可能让自己失控的事情上，而是通过玩电脑、做运动等来分散自己的注意力。

我女儿现在已经开始读高三了，和去年相比她有了很大的改变。首先，也是最重要的，她很健康。她的体重没有低于 110 磅，而且更加善于人际交往，还在当地剧院找了份兼职。她有时还会觉得自己胖，需要减肥。但是对于一个十几岁的女孩来说，这样的时候少了很多，是正常的。她想上大学，而且我觉得再也不会发生她让自己挨饿的事情了。

我觉得 GROW 模型给我们最大的帮助是让她把注意力从错误的事情上（纠结于 111 磅）转移到关注她自己希望的目标上。111 磅不是一个有激励效果的目标，不会给她动力，反而会对她的信念有负面影响。现在，她很高兴能把健康并有活力作为自己的目标。她最近跟我说："妈，上次我在学校跑步花了 8 分钟，现在同样的距离我只需要 3 分钟就能跑完，而且我不会气喘吁吁。跑步的感觉真的很棒。"她还说："你知道吗？我真的不在乎自己的体重了。即使我 140 磅，只要我觉得健康有活力，而且我穿得上衣服，我就很好。"

回头想想，当她病得很重时，我们还不可能成功地运用 GROW 模型。她首先要把身体恢复到一定程度，而且能冷静思考。一旦达到了这种程度，我们就可以用 GROW 模型来分解问题并落实到行动上，帮她渡过难关。

案例 12：面对阿尔茨海默症

几年前，我妈妈被诊断出得了阿尔茨海默症。我们是一个大家庭，有些亲人住在同一个州内，有些住在其他州。当然，每个人都很关心我们要如何面对这个问题，尤其是有个兄弟并不完全同意这个诊断，也不同意使用其中的某些处方药。所以我们决定集合起来召开家庭会议，讨论该为父母做些什么，如何用我们的资源来支持他们。

为了确保我们对目标达成共识，了解所有的问题并都有机会分享（因为某些人总是说得太多），我们决定找一个引导师来帮忙。我事先给每个人发了一个日程表。虽然我没有明确地说明，但日程表基本上按照 GROW 模型四个阶段的顺序来安排。虽然引导师不熟悉 GROW 模型，但他觉得这是个很好的工具，而且很愿意用这个工具来引导大家解决问题。

我们开始先就目标达成了共识，即尽我们最大的努力让父母一起在自己家里生活。每个人都赞成这个目标。

然后，我们开始澄清现状。我们知道：妈妈确实得了阿尔茨海默症，而且这是一种会不断加重的病。虽然我们无法预测以后需要做什么来应对，但是我们至少现在可以找出马上能做的事情以及未来可能的行动方案。我们也知道：兄弟姐妹们的收入差距很大，有的可以在经济上给予更多支持，有的则不行。同时，我们还发现需要面对很多问题：我们在哪里可以找到住家陪护？我们能找到值得信任的陪护人员吗？谁来承担这些花费？我们怎么应对药物治疗？如何在不打镇静剂的情况下，让母亲感到舒适？当家里不能再提供足够支援时，还有其他哪些可能的资源可以利用？

当进行到方案阶段时，我们列出了各种方法来照顾母亲，包括找有魔法的天使 24 小时免费和我们父母同住；让我们单身的寡妇姐姐搬来和他们一起住；把父母搬到哥哥家住，那里离另一个兄弟也很近；每星期安排人轮流照顾他们；我提前退休，搬来和他们住在一起；排一个时间表，让大家轮流来陪父母；安排孙子们轮流来帮忙。我们还讨论了其他方面的办法，包括取得医生和律师的协助；在家里安装扶手；安排家政服务；拜访护理机构，好让我们在有需要时有所准备。

最后，因为我们有足够的人手可以分工进行，所以行动计划包括了以上的多个方案。我们给父母家安装了扶手；安排了家政服务和送餐服务；一些人答应阅读和分享关于阿尔茨海默症的书；我们鼓励父亲去上一些陪护学习班，这样让他有机会出去放松一下，同时学一些照顾自己和我母亲的知识；我们调查了未来可能会用到的护理机构；当一个家庭成员说"爸妈不用再买长期保险了。我这里准备好了，一旦有需要，只要告诉我要多少钱就行"的时候，我们都感觉到很宽慰。

每当我回忆那次会议之后，我们所经历的各种挑战、决定、面对面沟通、电子邮件的沟通以及最后母亲的离世时，我就觉得一开始的那次家庭会议不但帮我们建立了一个有效的行动方案，而且还帮我们带来了以下两个方面的成果。

第一，我们都认同应该彼此信任。我们不会为了自己能做什么或不能做什么而相互评判或指责对方。我们相信家里的每一个人都会尽最大的努力。回想起来，虽然在整个过程中有些事情我们应该可以做得更好，但是对于目标的共识为我们创造了彼此信任的氛围，让我们能随着事情的变化保持坦诚的沟通并共同做出应对的决定。

第二，那次会议我们所用的方法和流程为接下来几年发生的事情打下了坚实的基础。随着母亲病情的加重，我们遇到了很大的挑战，特别是有个兄弟总有和大家不同的看法。但是因为那次会议，我们彼此了解，并找到了共同的目标，而且这个目标比任何分歧都重要，这让我们一起努力照顾母亲，直到她去世，没有让分歧成为我们的阻碍。

案例13：压力更少，成绩更好

我有一个学习用功，但经常神经紧绷的学生，有时她甚至会因为担心作业和分数而病倒。上学期的最后一段时间里，因为有几天没来学校，她好像背上了很大的压力以至于不能交作业和补上落下的功课。她来找我说："我不知道该怎么办。这个学期要结束了。我还有很多作业没有完成，我不知道我能得多少分。"她指的不只是我的课，而是所有的课程。

因此，我问她："你的目标是什么？你想完成功课吗？想得到好成绩？还是你想在课程上被记为'未完成'？你努力在达到什么结果？"因此，我们花了几分钟时间来讨论目标。她认定自己真的想完成功课。

然后，我们开始讨论现状。她不停地说："我漏掉了所有功课！我漏掉了所有功课！"我问她："具体来说，你漏掉了哪些功课？告诉我每一门课你都漏掉了什么？"实际上，当她仔细回想时，她就不那么确定了。所以当她开始考虑方案时，事情已经开始明朗，她需要先好好想想，她说："如果我想完成学业，我就得先搞清楚漏掉了哪些功课，然后进一步看看我是否可以完成，才能提高成绩。"

因此，在谈话结束时，她已经找到了一些方法，这让她觉得整个事情更加可控了。整个谈话只花了大约 10 分钟时间。当她第二天来上课时，我问她事情进展得怎么样了，她说她和每个老师都进行了积极的沟通，而且她发现实际漏掉的功课远比自己想象的少。因此，一直困扰她的"现状"其实并不是真的！

案例 14：我该和谁交往

一天，我和一位女性朋友一起在机场等飞机。我们俩刚刚参加了一场 GROW 培训课程。一路上，她都在和我讨论她正在交往的两个男生，而且她很纠结，因为她不知道该选哪一个进一步发展。这件事已经困扰了她 6 个月了。

我看这样下去不会有什么结果，而且我也听够了。当我们坐在机场餐厅吃东西时，我突然想到可以用 GROW 模型来解决她的问题。因此，我开始问她："到底发生了什么事？""到目前为止，你都做了什么？""哪些管用？哪些不管用？""如果你什么也不做，会产生什么后果？"

通过 25 分钟的讨论，她已经清楚地知道自己该和谁交往了。她说："我真的不敢相信，这件事困扰了我 6 个月，现在解决了！"她脑子里有自己择偶的标准，只是她从没有真正坐下来解决这个问题。第二天，她就很坚定地和一个男生分了手，这样她就可以和另一个男生安心交往了。

案例 15：留住客户，避免官司

一个长期投入大量资金购买我们产品的大客户提出要和我们公司高管层会面。为了帮我们的高管更好地准备这次会谈，公司派出区域经理李（Lee）亲自上门和客户的管理团队沟通确定了所有的重要问题。然后，他整理了一份文件，概述了这些年关于客户的情况（这是一种常见的方式，可以让参会的每个人在开会前，就能同步了解相关信息）。但是，当李把这份文件发给客户确认时，不知道什么原因，作为客户首席技术官（CTO）的丹（Dan）变得很生气。公司要求我和李一起跟丹开个视频会议，搞清楚出了什么问题。

一开始，丹就很激动而且对我们充满戒心。因为我认识他五年了，我知道这很反常。我完全没想到会是这个情况，因此不知道该说什么了。我在想："天哪！我该怎么办？"他们公司拒绝承认李发来的文件，而且我感觉他们很有可能会让律师来介入此事，而且我们根本就不知道为什么会搞成现在这个地步。所以，我决定用 GROW 模型试试来解决问题。

我们开始讨论目标。我们双方都想确保没有人在高管会议上被搞得措手不及。为此，我们要确保两家公司的高管都彼此清楚对方公司的情况。因此，我们同意这次会谈的目标是搞清楚怎么让双方都相互理解。

当我们开始讨论现状时，我问了丹一个问题："在你们公司高管来参加会议之前，你想让他们对客户情况有所了解时，你们需要做什么？"丹说："我们要确保他们了解所有背景信息，并确保所有的信息都是准确的，我们会从对方想谈什么的角度来提供一些的建议，以便我们的高管不会感觉措手不及。"然后他仔细看了一遍李收集并整理的文件。我没有打断他，等他看完之后才说："这就是我们已经做的。"我只是想让他清楚这一点。

当我们进入方案阶段时，我说："丹，在最好的情况下，你会怎么准备像这样的会议？你会走什么流程？"丹简要地说了他会做什么。在他说的时候，我能感到他的口气开始变了，他的声音变得紧张，最后他说："哇，这就是你们做的，对吧？"

我们继续讨论行动计划，我问丹："现在的阻碍是什么？"（本来 30 分钟的视频会议已经开了将近 1 个小时。）这时我们才发现了原因，原来李使用的文件格式和客户公司用来准备打官司的文件格式是一样的（这个之前我们根本不知道）。因此，当他们看到这种格式的文件时，立刻进入到一种自我防卫的状态。他们觉得我们要告他们，但是他们没有人跟我们谈到这一点。

原来，都是文件格式惹的祸。我们知道，对一个客户来说，这看上去有点小题大做。但这是一个很好的例子说明，很多时候往往一件小事能让双方脱离正轨。

会议结束时，大家的误解已经消除，因此丹很高兴。他说："你知道吗？你们用的方法没错，我们就应该这么做。我需要和我的团队好好地沟通一下，让他们明白不该误解文件的格式或意图。"就这样，他自己搞清楚了这个问题该怎么办。

最后，我们什么也不用改了，不用再改格式或重发文件了，而且在整个对话中我们所做的就是提问和倾听。

在我们开完视频会议后，一个有趣的小插曲是，我让李（两天前刚上过 GROW 培训课程）来对今天的会议做个总结。我说："这真是一次有意思的视频会议。开始让我意想不到，但最后我们还是达到了想要的结果。"

李说："开始我没搞清楚你到底在干什么。过了差不多 10 分钟，我意识到你在用 GROW 模型。这个模型太神奇了！在 60 分钟内，你把这家伙从生气并要把律师拉进来打官司的状态变成了'哇，这是一次很棒的会议！你们的做法是对的，我喜欢这个报告！'GROW 真的管用！"

案例 16：帮无助的朋友找到希望

因为最近刚学习了 GROW 模型，我决定把它用在和朋友的一次对话中。我的朋友安娜（Anna）在生活中经历了一些挫折，给她带来了很大的痛苦，造成了严重的影响，情绪也特别低落。我们过去很多次对话都是围绕情绪低落和她对目前情况的无助感这些话题展开的。

随着这次对话的进行，我开始感到被她负面的情绪所影响。突然，我意识到也许 GROW 模型对我们双方都有帮助。因此，我改变了方式，开始问她问题："安娜，你要的是什么？你的目标是什么？"

她回答："我想要快乐。"

我说："为了实现这个目标，你都做了什么？"

她说了一些做过的事。因为我对她的信息已经了解很多，所以我们不用对她的过去做深入沟通。

我接着问："在最理想的情况下，你可以没有限制地做任何事情，你的生活会是怎样的？"

她说："我很开心。我结婚了，有自己的家庭。我不用工作，除非我想工作。我能感到被爱着。"

我问："你怎么让这些变为现实？"

她说："我不知道。"

我说："记住，这是一个你可以做任何事情的完美世界。这里没有任何限制，你怎么才能觉得开心？"

她还是说："我不知道。"

我说："你的目标是开心和感到被爱，对吧？"

她说："是的。"

我说："你在一个可以做任何事情的完美世界，对吧？"

她说："是的。"

我问："那么，你怎么做能让自己开心？我知道你能想到方法。"

安娜沉思了一会儿，说："因为我小时候没有学过什么是爱，所以我想我会读一些教孩子们如何去爱的书。然后我可以教我自己如何感受爱。我想这就是我要开始做的事情。"

我问："这是你现在能做的吗？"

她说："是的。"

我跟她确认："你决定要采取这个行动了？"

她说："是的。"

我问："有什么我可以帮你的吗？"

她说："我不知道。"

我说："我知道一些可能对你有帮助的书。需要我把书名通过电子邮件发给你吗？"

她说："好的。"

我问："你同意几周后我来看看你进展得怎么样吗？"

她说："当然。"

对安娜来说，这次对话不仅是一次感情的宣泄，她还发现了一个可以解决问题的方法。我觉得这次对话帮助安娜开始走出消极的情绪，而且是她自己找到了方法，不用再等着别人告诉她该怎么做了。

案例 17：台阶上的男孩

一天下午放学之后，我突然听到走廊上有一些声音。听起来好像有人遇到了麻烦。因此，我走出教室，发现两个人坐在台阶上，一个男孩和一个女孩正在很严肃地谈着话。很显然，这不是一次愉快地对话，因为双方都显得很不安。我告诉他们，如果他们需要一个地方沟通，可以到我的教室，因为我要去复印些东西。他们说不用，因此我确定他们没事就离开了。

当我回来的时候，我看到男孩一个人坐在台阶上，看上去很伤心，好像都快要哭了。因此，我坐在他旁边，问他怎么了。接着，男孩开始哭。他跟我说了自己遇到的各种问题。

他一直在练习足球，但是最近在这方面承受了家里不小的压力，因为他父亲想要他去从事另一种运动。他不知道自己能不能跟得上或者擅不擅长。还有，他所有课程的学期报告和考试几乎都在同一时间段里，他不知道该怎么应对。比这些更糟的是，他女朋友就在刚才跟他分手了。这个可怜的孩子被彻底打垮了。

因此，我问他："你的目标是什么？你想要什么？"我们就这样进入了GROW的目标阶段。然后，我说："什么东西阻碍了你？你面对的挑战是什么？"他分享了一些具体的现实情况。我说："好的，你现在有什么办法？你能为此做什么？"他分享了他的一些想法。

大概20分钟后，我们走完了GROW的四个阶段，他有了让自己满意的行动计划。他要去和父亲谈谈，以便更了解父亲认为重要的事是什么，然后他会决定对自己来说什么最重要，并做出冷静的选择，然后再一件件解决其他问题。他意识到自己不可能一下子解决所有的问题。

当我几个星期后再看到这个男生时，他显得开心多了，也平静多了。我问他现在怎么样。他告诉我，他按我们谈话时找到的办法去做了，而且所有的问题都正在逐一解决。

坦白说，我很吃惊。这个年轻人像变了一个人，我完全看不到那天他坐在台阶上的样子了。所以，我觉得GROW模型简单有效，只要你认真运用，总会有成效。

后记

本章所分享的这些案例只是上万个案例中的一部分。就像最后一个案例所说的，这个方法"简单有效，只要你认真运用，总会有成效。"对我来说，这就是"由内到外"方法的魅力了，这个简单有效的方法可以在生活各个方面起到很大的作用。

问题与思考

✔ 你在哪些情况下，可以运用本书的方法？

第8章　一个能帮助你的练习
使用GROW模型，探索可以应用的领域
请登录网上社区：www.Alan-Fine.com

第 9 章
当……时，你该怎么做

尽可能从其他人的错误中多学习，因为你没有时间犯所有的错。

美国桥牌冠军、作家　阿尔弗雷德·申沃尔德（Alfred Sheinwold）

虽然由内到外的方法很简单，而且大多数人都能很快运用，但是有时你也不得不处理很有难度的问题。

如果我能面对面地教给你用由内到外的方法来明晰你的目标和现状，再制订出方案来解决你的麻烦是最好的。但我毕竟不可能为每位读者提供一对一的辅导，所以我更愿意分享一些在帮助别人处理挑战并提升表现的心得。

以下是我这些年常被问到的问题。

培养责任感

执行者总对我说："我找不到目标。""我不知道该怎么做。""你是教练，你告诉我该怎么做。"

"你告诉我该怎么做。"——我在教孩子们打网球的时候，常常听到他们这样问我。他们在练习的时候表现很好，一旦有了压力，他们就不愿意自己决定下一步怎么做，而是想让更权威的人替他们做决定。

几乎所有人都有过类似的经历。可一旦你告诉对方该怎么做时，对方就会把责任抛到九霄云外。如果方法不管用，那就是你的责任。即使方法管用了，可对方并没有去做，那也是你的责任，因为是你告诉他该做什么的。更微妙的是，如果方法管用，对方即便这次做对了，在以后仍然会遇到阻力和麻烦。

由内到外的方法旨在帮助人们更加敢于为自己的表现负责，让自己在挑战面前能够全身心地投入，能够不再寄希望于别人，而是调动自己的能力专注于当下，战胜挑战。我常常对执行者这样说：

"你是想让我告诉你怎样才能有高水平的表现吗？"

"是的！"

"好的，我认为想要有高水平的表现，最重要的一件事就是学会'自己给自己设定目标'，所以，你要自己决定目标。那么，现在你真的还打算让我帮你做决定吗？"

不管这么做有多么困难（这是教练面临的主要挑战之一），一旦你克服了告诉别人怎么做的冲动之后，事情总是会朝好的方面发展。虽然告诉对方怎么做可能更快、更容易，而且还能暂时给你带来满足感，但是这么做不能培养对方的能力。

"执行者常会进行负面的自我评价——我不合格，我技巧不行，我就是做不到。"

我第一次攀岩时，看到一个男人在 50 英尺高的岩石表面趴了很久不敢动弹，不论教练怎么安慰和指导他，他就是不动。过了一个下午，他终于精疲力竭。也许是担心整晚都会耗在这里，这个男人最终下定决心克服恐惧，采取行动，安全回到了地面。想要指导一个被某种观念自我束缚的人（不管这个人是被"心魔"所控制，还是困在自己消极的故事里），关键是要帮助他了解事实以及不同决定所产生的后果。你可以说："如果你不采取行动会发生什么？后果是什么？这个后果你能接受吗？"如果他说："不，我接受不了。"你就可以说："好，那就让我们看看有什么办法。"

举个例子，假设一个员工被通知公司正在裁员，他要么做另一份工作量更大的工作，要么走人。他不想被裁员，但也不想接受新岗位，就好像那个被困在了岩石上的男人一样。你可以帮助他看清眼前的事实，寻找到答案："新的岗位到底是哪些方面让你感到担心，假设你不接受这个岗位，等着你的会是什么？这个结果你能接受吗？对新岗位的担心和下岗，你觉得那个对你伤害更大？"

当人们意识到他们是有选择的，而且理解了这些选择所带来的结果时，他们就容易走出停滞不前的状态——做决定，向前走。

"执行者对自己的处境完全不抱任何希望。"

帮助一个对自己感到绝望的人，就好像推一辆抛锚的汽车跑起来一样。最开始的阶段是最难的，一旦车子动起来了，推起来就会没那么费劲了。当车的速度快起来以后，你就可以轻松地改变方向了。

我们的首要任务是让对方把"我做不到"的想法变成"可能有希望"。换一种说法就是，帮他转变观念来激活热情和专注。运用同理倾听是一个方法。你可能要在 GROW 模型现状阶段开始让对方来说说是什么让他觉得没有希望。然后你可以进行更深入的探寻："你怎么觉得这就没有希望了？是什么让你觉得没有希望了？"这样你就可以了解他这么想背后的原因了。

在对话过程中抓住一个恰当的时机，最好是在对方做了足够的分享之后，你可以说："现在根据你所说的，你觉不觉得可能还有另一种看待这件事的方式？如果有的话，你觉得应该怎么重新看待这件事？"如果你的提问恰到好处，这个问题会吸引对方开始从新的角度来思考，从而激发他的信念、热情和专注。这样对方就会开始对自己的处境有了新的看法。

"在进行自我教练的过程中，我发现很难对自己负责。没人真正了解我所做的，这很容易让自己放弃。"

多年前，我给大卫·费尔提当教练。他那时还是职业高尔夫比赛的新手。当时，他正面临一个困扰他的难题，就是他很难让自己全身心投入，自如地发挥。他练习的时候没问题，但参加比赛时，他击球的动作就不像练习时那么流畅，结果常常会把球打得向右偏。当我们一起分析原因时，他说真的很想打好每一杆，可一旦感到压力，他就不能正常发挥。我问他："假设我威胁你，如果你打不好，我就打爆你的脑袋，你还能不能保持专注呢？"虽然不明白我为什么这么说，但他还是回应我说他会的。我说："假设我承诺，如果你能专注在每一杆上，不管球达到哪儿。我都给你 5 万欧元（差不多 10 万美元），你愿意吗？"

"当然，"他笑着说，"那么一来，我可以得到的钱比这场比赛的奖金都多，甚至我都不用进入下一轮比赛了。"

"所以，如果必须这么做，你可以在自己可控的范围内做出些承诺，对吧？"

"是的。"他小心翼翼地说。

我说："咱们来做个交易。你写张 1000 欧元的支票给你喜欢的慈善基金会，然后把支票放在我这儿。如果你能保证在下周的比赛中每一杆球都全心投入，我就把支票还给你。如果你做不到，我会马上把支票寄给慈善基金会。因为你说过，如果事情很重要的话，你是能够控制自己的专注力的。但愿你说的是对的，不然钱就没了。"

我还补充道："我相信这会帮到你。如果你确定同意这么做，我们就开始这笔交易。可一旦开始了，只有我有叫停的权力。"

于是，大卫马上给英国防止虐待动物皇家学会（Royal Society for the Prevention of Cruelty to Animals）写了一张 1000 欧元的支票。

一周后，我再和大卫聊天的时候，他已经赢得了意大利高尔夫球公开赛的冠军。他终于了解了承诺的重要意义，而且凭着他对慈善的热情，还是让我把支票寄出去了。

重点在于，我们偶尔需要借助一些外力，才能让自己承担责任，请别人（也许是教练、同事、家人或朋友）来协助是一个不错的方法。另一个方法是，明确自己真正想要达成的目标。一旦你没有遵守承诺，可能比起需要遵守的承诺来，你想要更重要的东西。

我和一些学员有过这样的对话。我说："我能接受你不遵守承诺，我不会对此不安。但是作为你的教练，我认为你应该仔细看看发生了什么。我觉得比起遵守承诺来，你更重视别的东西。"

一些人会马上理解我的意图，另一些人则会说："不，我真的想遵守承诺。"

我回答说："但你的行动没有表现出来。"

人们之所以能彻底执行，是因为他们非常清楚自己真正想要什么而且有着强烈的渴望。

管理自己的干扰

"我担心我的教练技巧太差了，怕学员会认为我很做作，或者是想有意地去操控他。"

不管你做什么，头脑中总会出现一些干扰的声音。不受这些声音干扰的诀窍在于专注在遵循 GROW 模型的流程上，即使你认为这么做很困难也得坚持去做。我的经验告诉我，即使教练在教练执行者的过程中自己感到有些不够流畅，但是执行者基本上不会察觉到这些。因为通过 GROW 模型提出的问题执行者都很熟悉，并不是什么陌生的问题。只是我们用一种合理的顺序来提问，让执行者更加专注，减少干扰。实际上，你直接把这些问题读出来都不会显得做作。只要你是坦白的，而且你的目的是为了帮助对方，就不用担心。

"有时我很难看到对方的潜力，这让我又回到了由外到内的方法上——听我说，照我说的做。"

有的时候，我们的确很难不做判断并真正去发现对方的潜力。我们也会像其他人一样对别人做出自己的判断，就像我们自己的"心魔"经常在头脑里喋喋不休一样。但是我学会了不去相信"心魔"对我说的任何东西。我有意识地努力从"心魔"的声音中跳脱出来。

每个人都有潜力去做得更好，因为每个人都有很强的学习能力，这是我们与生俱来的。即使那个你认为很糟糕而辞退的人也是一样。以前，他也是一个可爱的孩子，渴望学习并了解所有的事。他现在之所以变成这样，是对外界情绪防备积累多年带来的结果。

只要你基于自己的经验来判断他——"查克，他就是那种人。"你就会寻找证据来证明自己的想法。这就像当你买了一辆红色的汽车，或给你刚生的儿子起名字时，所发生的情况一样。突然间，你会吃惊地发现路上有好多红色的车，或者很多最近出生的小男孩都叫和你儿子一样的名字。因此，你会寻找证据来证明你对查克的看法是对的。结果，你肯定不愿再去帮他消除阻碍他信念、动力和专注的干扰，不再帮他为公司做出积极的贡献了。改变你自己对查克的看法是关键。一旦你改变了对查克的看法，就会改变你和他在一起工作时的感受，并且专注在帮助他上。

"我被提升成了经理，但是我很担心自己不能让员工参与到教练对话中来，因此我一直在逃避和员工进行教练对话。"

你必须搞清楚：你想不想做经理？这就像打高尔夫球。如果你想成为有竞争力的选手，你就能不管刮风下雨都去练习，你不会只是在晴天才练习打球。如果你想成为一名经理，你就需要和员工进行教练对话。如果你不想这么做，你可能要考虑一下去找不需要管理别人的工作来做。

如果你决定成为一名经理，我建议你自己先用 GROW 模型来教练自己，找到一个能帮你让员工参与到教练对话的行动方案。你可以用 GROW 模型来了解自己的现状，而且要明白一个很重要的现实：就是教练员工是你管理工作中很重要的一部分。你需要仔细想想为什么自己对教练员工感到困难，是因为你过去有些不好的经历，还是因为你之前没做过。

当你利用头脑风暴想方案时，你可以考虑在教练员工之前，先在工作环境以外找其他人练习几次，或者想想要不要开始先和每个团队成员聊聊，以增进对每个团队成员的了解。然后从你觉得最容易教练的成员开始。

另外，当你真正进行教练对话时，尝试运用第 4 章 GROW 模型中的问题清单。大多数教练运用这些问题进行提问，都收到了很成功的效果。这样就更增加了教练对于自己教练技巧的信心。这就是由内到外方法的好处：简单、直接。

"我正在尝试教练别人，但是我对某个问题的情绪反应太激烈，我担心对话会变为争吵。"

如果你有一个处得来的同事，你可以请他来教练你克服情绪；如果没有，你可以教练自己克服情绪。你可以参考第 6 章"进行参与型对话"中的问题或者附录 B 的"参与型对话准备清单"的问题。你需要了解自己的情绪现状，想想自己的情绪是怎样的，什么时候能感受到这些情绪以及为什么你会有情绪。接下来，你可以想办法找到处理情绪的办法，即当你感到自己正在被拉进情绪黑洞时，可以做什么来克服情绪。

就像我们在第 6 章提到的，在你和对方进行对话之前，找人和你进行演练是一种有效的方法。如果你练习了应对问题和处理情绪的办法，当这些情况出现的时候，你就不会感到束手无策了。因为你之前已经练过，你就会对自己处理这些情况的能力更有信心。

通过提前处理好情绪，你就可以不再为此分心。

遵循流程

"我是想遵循 GROW 模型的流程来进行对话，但是当我们应该讨论目标时，对方不断发表对于现状、方案和行动的看法。"

教练过程有点像打开一瓶苏打水，气会先跑出来。我们也有"气"（是一种干扰）需要释放，如果不放完气，我们就不能看清问题。

你可以先让他们"放气"，即认可他们说的，并把他们的想法对应地记录到 GROW 的四个阶段里，等他们把气放得差不多了，再慢慢地把对方引导到 GROW 模型的正确阶段上。

另外，你还可以注意对方肢体语言的变化。我在教练他人的过程中有一个经验，当对方突然向后靠在椅子上，把手放到脑后，并且说："哇！让我想想！对了！这就是问题所在!"的时候，这说明他之前没有想过这个问题。因此，当你看到这种姿势的变化时，这是一种信号，说明对方内心里发生了很大的变化。这时，教练需要安静，让对方把心里的变化说出来。在合适的时候，你再把对方拉回到流程中帮助对方让他以新的视角看清目标、现状、方案和行动。

"不管我怎么努力引导，对方总是不断回到现状阶段，极力解释或者说明局面有多么困难。"

人们之所以一直停留在现状阶段，是因为他们感觉到自己没有被理解。如果遇到这种情况，你可以说："好的，我来说说我对你情况的理解，你看对不对?"这么做常常可以帮助对方推进到 GROW 模型的下一个阶段。如果不行——如果对方说:"是的,我相信你理解了。"但仍然不断回到现状阶段时,你可以说:"可是,我真的不确定我理解了你说的。我已经跟你说了三次,每次你都说'是的,你的理解是对的。'但是你还是继续跟我说同样的事情。请帮我解释一下这是怎么回事?"

还有一个方法,当对方沉溺于现状阶段时,让对方跳出你们的对话来看看到底发生了什么。你可以说:"我们为这次对话安排了 30 分钟,在过去的 20 分钟内,你一直在重复不断说同样的内容。如果我们继续这样下去,就没有办法解决问题了。你能接受这样的结果吗?"基于对方的回答,你可以继续推进对话的阶段,或干脆这次对话就着重去分享现状,以后再找另外的时间来一起讨论方案和行动。

"执行者不断发表不对的言论。"

根据我们前面介绍的神经语言程序学(NLP),语言的沟通经常包含三种模式:删减、扭曲和普遍化。简单归纳如下。

- ✔ 删减和漏掉信息有关:比如"那没有比较好。"
  (什么没有比较好?没有比什么好?没有比什么时候好?)
- ✔ 扭曲和假设以及逻辑错误有关:"他有 MBA 学位,所以他可以成为一名优秀的经理。"
  (这个假设有可能对,也有可能错。)
- ✔ 普遍化和以偏概全有关:"他从来都不守时。"
  (真的吗?他一次都没有准时过吗?)

对于教练来说,要能识别出对方的删减、扭曲和普遍化,并且能帮助对方看清自己的这三种模式。举个例子,回顾一下在第 3 章中我和吉姆进行的关于网球的教练对话。当我问吉姆通过这次指导他想得到什么时,他说:"我希望我能成功利用反手击球。"这就是一种普遍化。我们需要把目标变得更加具体。

> 艾伦：你说"利用反手击球"是什么意思？
>
> 吉姆：（大笑）打到场地上。
>
> 艾伦：打到网对面的任何地方，你是这个意思吗？
>
> 吉姆：不是，我希望能打到界内。
>
> 艾伦：好的，打过网并在界内。你希望自己能成功完成几次？
>
> 吉姆：一半。
>
> 艾伦：比如 10 次能成功 5 次？
>
> 吉姆：是的。

如果教练不能把目标具体化，执行者就有可能对教练的结果不能准确地评估，并用"是的，但是……"来表达他对结果不满意。这种事情过去经常发生在我身上。我和某人已经进行了半个小时的教练对话，我觉得自己做得不错，但当我问对方"那么，你觉得怎么样"时，对方常常会说："我能把球打到界内了，但还是没有太多旋转，不是吗？"所以，我又得教上半个小时，然后对方说："嗯，现在我已经能把球打出旋转了，但是球速还是不够快。"当你们一开始不把目标明确，就会出现这种情况。所以，教练应该从一开始就把问题明确。

在整个对话中，识别出删减、扭曲和普遍化是非常重要的。否则，你和执行者可能会让整个对话建立在错误的假设、推论和结论之上，从而无法找到解决问题的正确方法。

"当我们推进到方案阶段时，我问执行者有没有哪些方案让他足够感兴趣来采取行动时，对方跟我说'没有，我已经被打击了很多次，现在没有精力和热情再做尝试了。'"

你可以说："从我的角度来看，这些是我们的方案。我们可以选择清单上的一个方案，或再头脑风暴出更多的方案，找一个可能有不同想法的专家，或者不管它。我有没有遗漏了什么？"

最后一个问题是让对方担起责任的问题。面对这些方案，对方常常会变得不耐烦。但是作为教练，你不能坐视不管。你可以再给他重复强调一遍："这些是我所知道的方案，请告诉我有没有遗漏什么？"这时，责任明显是在执行者身上，而且他会选其中一个方案（虽然有时是不情愿地），或者说："好，让我们再头脑风暴看看。"

"执行者想把太多方案作为行动计划，他总是想同时做五六件事，而不是两三件事。"

你可以说："这看起来太多了，很难消化。我们是否可以先考虑选一两个？"如果对方说："不，我真的想把这些都放在行动计划里。"那么你可以鼓励他列出优先顺序"好的，那我们就列出优先顺序，确保我们在最重要的事情上投入最多的时间和精力。"

另外，如果这个问题不严重，你也不用太担心，可以让他试试看，先做他可以做的，然后再去做其他的。这也是一种学习。虽然有时人们做不到这么多的行动，多少会影响他们的信念、热情和专注，但是教练如果过于坚持，可能也会带来不良的影响。这个过程和学习如何能够稳定"击球"一样，对方在没有搞清楚他击球太远或太近会产生什么后果之前，是不明白什么才算正确击球的。

"当我们把对话推进到行动阶段时，执行者很不情愿地同意了，但是我知道他并不会真的去做。"

你可以把这些反馈给对方："听你所说的，我感觉你对这个行动计划没有太多的热情，是这样吗？"如果对方说是，你可以问："好的，为什么呢？"一般而言，执行者缺乏热情是因为他们面临的挑战还没有真正被分解为他们认为可以做到的行动步骤。作为教练，这表示你需要再花些时间和执行者一起把他面临的挑战重新进行分解。

"作为教练，我感到自己可以清楚地看到最有效的行动计划，但是执行者却没看到。当我提出这个行动方案时。执行者不想了解，而且立即否定了这个方案。"

实际情况是，执行者的想法常常比教练的想法好得多，因为他们投入了信念、热情和专注。

一家大型跨国公司的部门经理告诉我："我一次次的认识到，当员工对工作有承诺时，工作才会有成效，即便解决方案看起来不是最好的。如果员工真的对一个方案有承诺，通常这个方案会起到积极的作用，即使方案有些问题，员工也会来求助解决问题。如果员工服从于我让他们去做的方案，他们就不会有太大的动力。"

作为教练，我们需要努力去获得执行者的"承诺"，因为承诺来自于信念、热情和专注。比起服从一个强加的行动计划来说，执行者会对自己的选择主动投入更多时间和精力。如果你得不到承诺，你可以让人们服从，但是你要小心，因为一旦服从被滥用，就会变成一种防卫。

还要记住，有效的教练往往是一个过程，而不是某一件事。因为我们的目标不只是要执行者针对某个情况做出正确的决定这么简单，而是希望能够让他们从体验中学习，获得自信，并不断做出明智的决定。

> 人们通常会被自己想出来的原因说服，而非那些由别人想出来的原因。
> **17 世纪法国数学家　布莱斯·帕斯卡（Blaise Pascal）**

"执行者跟我说：'我照行动计划去做了，但是不管用。'"

你可以说："跟我说说，你都做了什么？"你需要明确了解执行者是否按照你们达成共识的行动计划去做了，而且要了解的非常具体。

举个例子，假设对方说："我正在准备演讲，我选择了站得挺直，并且关注一两个微笑的观众，但是不管用。"你可以说："你怎么知道你站直了？你怎么知道你的关注在一两个微笑的观众上？你做了什么关注在他们身上？"你需要详细信息来确定对方他认为自己做的和实际做的之间有没有差距。如果有差距，你要和执行者一起搞清楚行动计划，并让他再试一次。如果没有差距，你需要和执行者一起回到方案阶段并重新调整方案。

记住：如果你工作已经做到位了，执行者才是决定行动的人。这是他的选择，不是你的。有的时候，让对方了解哪些选择无效以及为什么无效，是让他学会如何做出明智选择的好方法。

与团队合作

"在教练团队的过程中，我解释了 GROW 模型并询问团队成员是否愿意用它来解决问题时，有些成员不同意。"

人们通常会很愿意使用 GROW 模型，因为他们会觉得这个模型简单、易懂。如果有人不同意，你可以问："原因是什么？"对方也许不理解流程，也许是他比较排斥新东西。

在简短的探讨之后，如果还是无法找出一个可以快速解决的理由，我建议你不要当着大家把这个问题放大，因为这么做可能会产生尴尬或不快。应该私下单独和他讨论打消他的顾虑。

在团队会议中，最佳的做法是尽可能多问 GROW 问题而不是强行推进流程。很多时候强行推进流程会引起某些团队成员的反对和抵触，但是通过问问题往往能更好地指明方向，而且让团队成员积极参与进来。

"当团队进入方案阶段进行头脑风暴时，有些成员总是沉溺于一些疯狂的想法，甚至还引起了冲突。"

几年前，我曾遇到了类似的情况。当时我正培训一个跨国公司的管理团队，他们请我去协助他们一天。当他们开始互动时，我简直不敢相信我所看到的：他们每个月都亏损几百万美元，但是他们居然还在不停地争地盘。我当时坐在那里想的是："面对这么严重的亏损局面，真不敢相信这些人居然觉得这是可以接受的。"

遇到这种情况，你可以把团队的动态反馈给他们，你可以说："这是我看到正在发生的事情。听起来你们有些人对'这个行动计划'很投入，有些人对'那个行动计划'很投入。我之所以用'投入'这个词，是因为我可以看到你们对这些选择所投入的感情有多少。但我在想，目前的状况是，我们已经不是一个团队了，而且正在失去洞察力。这些都带来了不少干扰。因此，你们想怎么做？"这么做会让团队意识到问题，并担起责任化解分歧来解决问题。

"在教练团队的过程中，我发现大家很难就行动计划达成共识。"

如果团队成员很难就一个行动计划达成共识，就让他们担起责任来解决这个问题。你可以说："好的，我们现在有三个解决方案。如果我们把时间花在对这些方案的争执上，永远不会有什么进展。因此，你们打算怎么办？"

然后，人们不得不做出选择——"是想一直把时间花在努力说服人们我是'对'的？还是想做一些什么来推动团队前进？"通常来说，人们会认识到，虽然某个特定的解决方案可能不是他们的共识，但是它会把团队团结在一起并继续前进。因此，他们会投入并做出选择，推进方案的成功。

最后的提示

我希望本章的解答能给你一些方法，帮你在面对一些具体情况时更好地运用 GROW 模型。如果你遇到了阻碍，记得回到最基本的原则（专注）和方法（由内到外）上。记住：消除干扰会对提升表现有着巨大的影响。

第9章　一个能帮助你的练习
学习并与他人分享
请登录网上社区：www.Alan-Fine.com

第 10 章
专注和热情背后的信念

点燃内心的小火种，好好运用自己的才干，让它
变为成功的火焰。

以色列第四任首相 果尔达·梅厄（Golda Meir）

1986 年冬天，我第一次遇见"迪佛"（Divot）是在威尔士国家体育中心。他在那儿和威尔士业余高尔夫球队的一些队员一起接受训练。在南威尔士的一个矿业小城长大的他，虽然只有 20 岁，但头发都已花白。他给人的印象是既内向又害羞。虽然别人给他起的绰号"迪佛"让人感觉他脑子不好使，但是他却总喜欢思考，然后问问题。

我后来才知道他 15 岁就辍学了，在威尔士这是能离开学校的最小年纪了。他做过不少没有前途的工作，包括挨家挨户发小广告等。然而，他在高尔夫球方面的天赋让他成为国家队的一员。但是很多人并不看好他，当国家队教练请我周末来教球队时，教练甚至把我拉到一边告诉我："别在迪佛身上浪费时间，他技术根本不行，而且不够聪明。"

迪佛心里也清楚，他在队里的地位不高，并受到其他队员的嘲笑，而且教练们也不把他当回事。但是我对他的技术能力没有偏见，第一天训练结束时，我就对一件事情很确信了：迪佛是个会学习的选手。也许在学校里他和其他同学的学习方式不同，在高尔夫球场上他和其他队友的学习方式不同，但是即使周围的人让他感觉不那么自在，他还是一直在听我讲，并不断问问题，非常投入地学习。因此，我不但整个周末都在尽力回答他的问题，而且我在团队活动之后还给他解答问题。

和迪佛接触越多，我就越清楚他有很强的学习热情。需要解决的是他在信念和专注方面的问题。一直以来，他都专注在"他认为别人怎么看待他"这个方面，而且别人对他的看法已经形成了他看待自己的基础。我们要做的就是帮他把关注点转移到那些能改变他自我认知的事情上。

我在后来的几年里一直做他的教练，我们采取的行动包括以下三个方面的专注：第一，当他击球时保持内心平静。他的专注方式是向后挥杆达到最高点时，说"回"；当球杆表面碰到球时，说"打"。第二，当他不击球时也保持内心平静，他会专注在保持一个自信和直立的姿势上。第三，全面改变对自己的看法，他会专注地改变一些他已经注意到并给他负面信息的事，比如去参加职业巡回赛时，碰巧把自己开了十年的老款福特车停在尼克·法尔多（Nick Faldo）的新款运动跑车旁边，或穿着没有赞助商 logo 的运动衣参加比赛，或在没有入选正式比赛之后，走进当地高尔夫球俱乐部被别人嘲笑说："你上周发挥得真不怎么样，是吧？"我们设法为他找到了比较体面的汽车和衣服；我们也想出了当别人说些引发他不安全感的事情时，他该怎么回应。

让他按这些方法做是为了给他创造一个让他感到安全环境来发挥他的能力，让他不用担心被评判或压力太大。我们把阻碍他信念、热情和专注的干扰屏蔽得越多，他的成长就越快，他的成绩提高的幅度就越大。

在迪佛参加的第一个职业巡回赛季结束之后，我们两个人坐在伦敦郊外高尔夫球俱乐部的一个小房间里，回顾这一年的情况。当他开始说起自己过去这几个月的经历时，突然变得哽咽，他说"你觉得我应该退出吗？我已经赢了差不多 1 万美元，这是我想都不敢想的。以后也绝不可能比现在更好了！"

但是迪佛错了，情况越来越好。当他继续努力把关注点从"自我怀疑、以前教练对他的负面评价和其他选手的嘲笑等"所有这些干扰上转移到他称之为的"任务"（他选的行动计划）上时，他的信念不断增强，并开始对自己出色并稳定的发挥有了自信，他的成绩提高了。同时他的目标更高了，并且赢得的奖金也更多了。我们花在讨论如何去面对别人方面的时间越来越少，他的热情更高了。

当我写这本书的时候，迪佛在欧洲巡回赛上已经 3 次夺冠并且 39 次进入前 10，9 次代表英国参加世界杯，而且进入了世界高尔夫球官方排名 50 强，他还进入了 PGA 欧洲高尔夫球巡回赛的前 40 强。最让人们印象深刻的是，在 2002 年莱德（Ryder）杯比赛中，他击败了菲尔·米克尔森（Phil Mickelson）（当时世界排名第二的选手）赢得了宝贵的一分，并给欧洲带来一次历史性的胜利。虽然前一年他经历了英国媒体一再建议他退出国家队的痛苦，但他还是坚持下来并成功了。

任何喜欢高尔夫球的爱好者都不难猜到，迪佛就是职业选手菲尔·普莱斯（Phil Price）。对我而言，菲尔是一个发现可能的成功并通过行动实现成功的最佳案例。谁能想到一个走路无精打采、不敢用眼睛看你的年轻人能变成一个身价百万美金的高尔夫球冠军，同时还是一个好丈夫和两个孩子的父亲？我得承认，即使我坚信每个人都具有很大的学习潜力，也无法猜到在他身上会发生这样天翻地覆的变化。

> 局限只存在于我们自己的心里。
>
> 美国自行车冠军　杰米·佩奥里内蒂（Jamie Paolinetti）

菲尔从不否认：在极端的情况下，他有时还会质疑自己，这样确实会削弱他的信念、热情和专注。有太多问题占据了他的大脑，让他很难冷静下来，活在当下，就像俗语所说"发展到极致的长处反而成为弱点"。但大多数情况下，菲尔内在具备的学习能力会指引他找到一条成功的路。

对我来说，这就是"由内到外"方法的魅力所在：每个人内心都有创造无限可能和实现卓越的能力，我们要做的就是帮助自己和他人发现并激发这种潜能，即把潜能"由内到外"的发掘出来。这不是非得吸收和运用新知识，不是"我知道而你不知道，所以我给你建议，你需要按照我说的做"的方法，不是给予批评、评估和评判，也不是让人们狠踩油门。

> 有什么酒会如此闪耀，如此芬芳，如此令人沉醉。
>
> 19 世纪丹麦哲学家　索伦·克尔凯郭尔（Soren Kierkegaard）

这是让人们把脚从刹车上挪开，为人们从自己的体验中学习，创造安全的环境，消除干扰，激发知识、信念、热情和专注。这样才能推动我们做到最好。

你要自己行动

从 10 倍女孩到斯蒂芬·阿莫斯（Stephen Ames）和他赢得的 140 万美元，再到 CEO、经理、老师、音乐家、父母以及我在本书中提到的其他案例中，你已经了解了"由内到外"方法的突破性威力。你现在该开始行动了。你来决定做什么可以把已经从本书中学到的知识应用到自己的工作和生活上。

> 可能即存在。
>
> 19 世纪美国诗人　艾米莉·狄金森（Emily Dickinson）

我衷心希望，本书的方法（由内到外）、原则（专注）和流程（GROW）能给你需要的方法，帮你或他人在工作和生活中创造突破性的表现。

如果你决定运用所学来提升表现，GROW 模型可以帮你决定如何根据自己的具体情况来行动。它会帮你澄清目标，了解现状，识别方案而且找出适合你的行动计划。它还可以帮你扫清阻碍你变得更好的干扰因素。

我多年教练别人的经验让我坚信：给予别人最好的服务，就是为他创造安全的环境，让他们自己去体验、去探索。只有这样，人们才能重新激活自

己的信念、热情和专注，敢于梦想，敢于去思考其他可能的成功，敢于突破
和发生转变。

　　你内在的信念、热情和专注是真正惊人的力量，你释放自己和他人这种
内在力量的能力不仅可以改变你和你在帮助的人，也会改变世界。

　　祝你在人生旅途中一切顺利！

第10章　一个能帮助你的练习
发现可能并使之成为现实
请登录网上社区：www.Alan-Fine.com

附录 A
经理的 GROW 笔记

以下是艾里克，一位新任经理，在使用 GROW 模型来解决他所在培训公司遇到的难题时，事前做的笔记（案例背景见第 4 章）。

目标（Goal）

我想解决什么问题？

✔ 如何既为公司的区域销售经理提供合适数量（数量够多，同时精力能够负担得起）的销售线索，同时又不让一个优秀的业务拓展经理承担过重的工作。

通过利用 GROW 模型，我想得到什么结果？（我的 SMART 目标是什么？）

✔ 能够让我们公司每年在七个地区各举办四次出席情况良好的课程推荐会，并且将活动所需的花费控制在同行业标准水平。

如果我不采取行动，会有什么后果？

✔ 我们的成长会受到局限，因为我们不可能在每个地区都有专人来负责课程推荐活动。

✔ 我会付出比同行业标准更多的钱才能招聘到这方面的专才。

✔ 斯科特能邀请到比其他人更多的客户出席课程推荐会，进而产生更多的销售线索。这样将会让斯科特负责区域的销售经理承担过多的销售线索跟进工作，同时会让其他人负责区域的销售经理觉得销售线索根本不够。

现状（Reality）

简言之，现在的情况是怎样的？

✔ "课程推荐会"一直是公司开发新客户的主要手段。斯科特一直负责课程推荐会 90% 的工作。如果他有什么三长两短或想离开公司，公司就会陷入大麻烦。

✔ 由于奖金比例随着参会人数的增加而增加，斯科特因此很有动力找到更多的人出席推荐会。这种激励方式甚至理论上会让斯科特的收入比我们推荐会的收费还要高。

✔ 斯科特总是亲力亲为地去做很多事，这让他的方法很难被复制。

我做了哪些努力？结果怎么样？

✔ 请斯科特负责所有区域的课程推荐会。

✔ 招聘其他人来做同样的工作。

结果怎么样？

✔ 斯科特已经分身乏术，他不可能再处理更多的课程推荐会了。

✔ 其他做同样工作的人绩效只有斯科特的 30%。

✔ 由斯科特负责的课程推荐会总是人满为患，让销售经理跟踪销售线索的负担过重；不是由斯科特负责的课程推荐会则常常因为没有足够的人来参加而取消。

✔ 公司一直付给斯科特比同行业平均水平高得多的薪水，但是如果我们失去斯科特，公司就会有大麻烦。

✔ 斯科特亲力亲为的工作方式让与他配合的同事很为难。当同事们建议把某些工作通过自动化方式来完成时，斯科特会说："你会不了解细节，这样会影响结果。"

对我来说，障碍是什么？对别人呢？（如果别人与此事也相关的话）

✔ "课程推荐会"的成本很高。

✔ 斯科特是个出色的员工，但是他的激励机制不符合公司的需要。

✔ 招聘其他人来做斯科特的工作，花费高，起步慢，而且效果没法和斯科特比。

✔ 斯科特的目标是多赚些钱，甚至比现在赚的还要多。

✔ 我要在公司成为一名优秀的管理者，控制好成本，同时还要推动公司的业务增长。

别人会用什么不同的方式来描述现状？

✔ 我还真不知道，也许我该问问相关人。

我的目标是否可行？

✔ 必须得是可行的。我必须找出一个办法。我可能还不知道我需要知道什么，但是必须在成本可控的情况下推动业务增长。

方案（Options）
想象一下，我可以做什么来推进这个问题的解决？

✔ 找到其他拓展客户的方式，不要都依赖课程推荐会。

✔ 告诉斯科特他最多只能负责多少课程推荐会，如果他想多赚钱，可以转岗去做销售经理。

✔ 花更多的时间想出解决问题的办法。获得更多的信息，以确保我对现状的了解是准确的。

✔ 找斯科特聊聊，了解他的想法和感受，找出他表现出色的原因。

✔ 找斯科特的同事聊聊，找出他们在这个工作上有问题的原因。

✔ 和其他从课程推荐会中受益的销售经理聊聊，听听他们的想法。

✔ 和销售团队聊聊。

✔ 改变我对斯科特已经分身乏术的这个想法。

✔ 改变我对于应该付给这个职位某种程度奖金的想法。也许比起付给其他人的薪水和奖金，付给斯科特高薪更有效果。

✔ 帮助斯科特改进处理日常事务的能力，比如做表格和行政工作。

✔ 安排给斯科特更多的课程推荐会，但是改变激励机制，所以与其在 18 场课程推荐会中都找来 60 多人参加，不如鼓励他在 28 场课程推荐会中找 35～40 人参加，把他的工作更加平均地分配到各个区域。

如果别人加入进来，他们需要看到或听到什么，才能引起他们的关注？

✔ 虽然我的决定最终会影响其他人，我没有试着在决策过程中影响任何人，所以这个问题不用考虑。

反思自己解决这个问题的过程，该如何改进？

✔ 联系其他同行业的朋友，找出他们对于这个岗位员工的处理方式，听听他们的建议。

有没有哪些方案是我特别感兴趣，需要进一步深入思考的？

✔ 有，尤其是关于花更多时间来找出解决办法以及改变我自己的看法。

如果根据目前的这些方案开始行动，我该怎么做？

立刻行动：
✔ 与同行业标准进行比较。
✔ 探讨改变斯科特奖励机制的可能。
✔ 探讨可能帮助斯科特减轻负担的方法（自动化或找行政助理帮忙）。
近期行动：
✔ 继续完善一个更加全面的营销策略。
✔ 招聘一个市场总监，管理额外的客户开发活动，包括展会、网络研讨会、直邮 DM 以及讲师支持型活动。

行动（Way Forward）
哪些方案是我觉得不错并想采取行动的？

✔ 有的

我该怎么做？

✔ 先开始立即行动方面的工作。运用 GROW 模型想出进一步的行动方案。

我的阻碍是什么？

✔ 没有什么大的阻碍，我可以做到。他们也许不会给我所有答案，但是并没有真正的阻碍，除了我自己内心的顾虑：

　✓ 如果斯科特没有了动力，他可能会离开公司。

　✓ 斯科特是我们保证每次课程推荐会出席人数的功臣。他可能会遇到些意外的危险，比如出车祸。

　✓ 如果我们最后给斯科特配个助理，但斯科特从来没有任何管理经验，这件事可能有点难度。当他在试着分配任务过程中，如果遇到问题，他可能会回到自己过去的工作方式，也就是自己亲力亲为。

我该怎么克服这些阻碍？

✔ 专注在立即可以行动的下一步：打电话、约定会谈、收集建议。暂时不使用单一的解决办法。

后续步骤：

✔ 重建一个奖励制度，好让斯科特有动力以及用我们期望的方式来工作，并且让他可以赚更多的钱。

✔ 当斯科特制定对他的助理的工作标准时（如果我们选择了这个方式的话），在旁边支持他，帮助他，在一开始的几个星期里，给他示范该如何管理助理。

我下一步做什么？ 什么时候开始？

✔ 和同行的朋友约本周见面。

✔ 和斯科特当面沟通。

附录 B
"由内到外"方法的应用工具箱

在突破型对话中使用的问题

当执行者意识到了问题并且愿意讨论时，你可以运用下面的问题进行突破型对话，目的在于帮助执行者在他面对的问题上取得突破。(见第5章)

目标（Goal）

✔ 你想讨论什么话题？

✔ 你想从这次讨论中得到什么？(你的 SMART 目标是什么？)

✔ 如果你达不到目标，会产生什么后果？

现状（Reality）

✔ 简要地说说现在的情况。

✔ 到目前为止，你做了哪些尝试？

✔ 结果怎么样？

✔ 对你来说，阻碍是什么？对别人呢？(如果别人也参与其中。)

✔ 目标是否实际可行？

方案（Options）

✔ 如果你在完美世界，并且什么都可以做，你会做什么？

✔ 如果你是别人，听到或看到什么，能引起你的关注？(如果别人也参与其中。)

✔ 如果你旁观这段对话，你有什么建议给到自己？

✔ 你对哪些想法感兴趣，想进一步了解的？

✔ 如果你要做，你打算怎么做？

行动（Way Forward）

✔ 这个方案足够吸引你采取行动吗？

✔ 你打算怎么做？

✔ 阻碍是什么？

✔ 你打算怎么克服阻碍？

✔ 下一步干什么？什么时候开始？

在参与型对话中使用的问题

当执行者没有意识到问题，并且（或者）不愿意讨论时，你可以运用下面的问题进行参与型对话，目的在于帮助执行者参与到一次突破型对话中（见第6章）。

目标（Goal）

解释你的目的

"我有一件事想请你帮忙？我们现在可以谈谈吗？如果现在不行，什么时间方便？"

"我的问题和我对……的看法有关。是不是可以现在谈谈呢？"

分享你的意图

"我想告诉你我的想法，也想了解你的想法。如果我理解的没错的话，我想和你一起改变些事情。如果我理解的不对，我想了解到底发生了什么事情。"

现状（Reality）

分享你的现状

"这是我的看法。"

分享你的理解

"所以你的意思是……"

"你的感觉是……"

"我理解的对吗?"

方案(Options)

说出选择

"我努力用对咱们双方都最积极的方法来解决问题,如果你没办法和我一起来解决这个问题,我别无选择,只好……"

行动(Way Forward)

如果对方同意参与……

推进对话,和对方一起解决问题。

如果对方拒绝参与……

使用你提前准备好的应急方案。

参与型对话准备清单

因为参与型对话本身很有难度,所以事先做好准备是非常重要的。以下是准备清单(见第 6 章)。

理清自己的思路

✔ 认清自己的问题。

✔ 什么会引起执行者的关注?

✔ 如果你不能让执行者参与进来,你会做什么?

准备对话

✔ 把对话的 SMART 目标记在心里。

✔ 准备每个阶段合适的话术。
✔ 预想执行者可能的反应。

进行对话

✔ 反复澄清你的意图。
✔ 运用每一阶段你准备的话术。
✔ 展现同理心。
✔ 反复寻求认可。

提供建议的问题

当你帮助执行者消除干扰，并让其担起责任时，你可以问以下的三个问题（见第 6 章）。

✔ 哪些方面管用？
✔ 你遇到哪些阻碍了？
✔ 下一次你会有什么不同的处理方式？

利用 GROW 模型进行团队教练时可以用到的问题

以下是一些在团队教练时可以用的问题（见第 7 章）。

目标（Goal）

✔ 我们要讨论什么议题？
✔ 通过这次讨论，我们想得到什么结果？（我们的 SMART 目标是什么？）
✔ 如果我们达不到目标，会有什么后果？

现状（Reality）

✔ 简言之，现在的情况是怎样的？
✔ 目前为止，我们做了哪些努力？
✔ 现在的结果是怎样的？

✔ 对我们来说，障碍是什么？对别人呢？（如果别人与此事也相关的话）

✔ 我们的目标是否可行？

方案（Options）

✔ 如果我们可以不受限制地做任何事情，我们会做什么？

✔ 如果别人加入进来，他们需要看到或听到什么，才能引起他们的关注？

✔ 反思我们解决这个问题的过程，我们该如何改进？

✔ 有没有哪些方案是我们特别感兴趣需要进一步深入思考的？

✔ 如果根据目前的这些方案开始行动，我们该怎么做？

行动（Way Forward）

✔ 哪些方案是我们觉得不错并想采取行动的？

✔ 我们该怎么做？

✔ 我们面对的阻碍是什么？

✔ 我们应该怎么克服阻碍？

✔ 我们下一步做什么？什么时候开始？

致　　谢

　　在我人生的发展历程中，有很多人给了我动力，一直以来都在帮助我。有些人为我打开了一扇门，有些人改变了我的人生。我尤其要感谢以下的朋友。

- ✔ 瑞贝卡·梅瑞尔（Rebecca Merrill），她的耐心、研究、协同以及在英语方面的专业能力终于把本书从我脑海中提炼出来。
- ✔ 彼得·里维斯（Peter Lewis）、威利·科尔（Wally Cole）和约翰·克鲁克（John Crooke），没有他们的帮助和鼓励，我永远也不会持续打网球并找到我的人生志向。
- ✔ 提姆·加尔韦（Tim Gallwey），他对于网球选手心理的深入研究使我对于人们表现的看法彻底颠覆，他指引我将这方面的心理学应用在教练中。
- ✔ 格雷厄姆·亚历山大（Graham Alexander）以及约翰·惠特摩（John Whitemore），我的两位终身挚友，也是创造 GROW 模型第 1 版的合作伙伴。他们挑战我、激励我。
- ✔ 赫尔加·卡耐特（Helga Kahnert），她让我知道：我并不 OK，而我不 OK 这件事是 OK 的。这改变了我的人生。
- ✔ 提姆·里德尔（Tim Reeder）、玛格丽特·麦金泰尔（Margaret McIntyre）、德博拉·艾伦－巴伯（Deborah Allen-Baber）、吉姆·摩尔（Jim Moore）、本·坎农（Ben Cannon）和史蒂芬·班菲尔德（Stephen Bamfylde），他们欣赏我过去自己都不知道的内在潜力。
- ✔ 巴斯特·莫特拉姆（Buster Mottram）、菲尔·肯扬（Phil Kenyon）、盖瑞·库伦（Garry Cullen）、科林·蒙哥马利（Colin Montgomery）、大卫·卢埃林（David Llewellyn）、菲尔·普莱

斯（Phil Price）、斯蒂芬·阿莫斯（Stephen Ames），我从这些选手身上所学的，比他们从我身上学到的要多得多，尤其是大卫·费尔提（David Feherty），他公开的支持以及对我们合作的认可，为我带来了非常高的可信度。

✔ 乔治·奈特（George Knight），作为一位同事以及挚友，他与我分享耐心、智慧以及幽默。

✔ 金·卡普斯（Kim Capps），她持续不断的鼓励与内容上的协助和修改是无价的。

✔ 杰奎斯·巴兹奈特（Jacques Bazinet），感谢他的建议和观点。

✔ 我在 InsideOut 公司的同事们，他们帮助发展、测试以及修改这些内容素材，根据各自的才华和方式帮助本书。

✔ 犹他谷大学领导力发展中心的布鲁斯·杰克森博士（Dr. Bruce Jackson），尤其是他对"心流状态"的研究；还有该中心提供的研究实习生。

✔ 托尼·达洛索（Tony Daloiso）、西恩·克雷根（Shane Cragun）和坎德尔·里曼（Kendall Lyman），感谢他们提供了书中方法在公司中应用的建议。

✔ 我在 Root Learning 的朋友们，尤其是维克多·张（Victor Zhang），他们与我分享独特的观点与创意。

✔ 罗杰·梅瑞尔（Roger Merrill），感谢他的独到见解和鼓励。

✔ 玛丽·文慈（Marry E. Wentz），感谢她整理无数个小时的对话录音文稿。

✔ 阿德里安·萨克海姆（Adrian Zackheim）、阿德里安·舒尔茨（Adrienne Schultz）、布鲁克·凯利（Brooke Carey）以及企鹅出版公司所有帮助我将草稿出版成书的人。

✔ 所有和我分享他们对于本书所提供的方法、原则和流程相关个人经验的人。不管他们的故事最后是否被纳入本书，每个故事都影响本书的最后呈现。

最重要的是，我要感谢我的妻子潘妮（Penny）和我们的孩子，提摩西和克里斯滕（Timothy and Kristen），他们不仅包容我对于本书内容的热情，甚至我四处奔波与人们分享的旅行安排，他们也告诉我，人生还包括更多的内容。提姆和克里斯滕，尽管我在你们身上做了一些实验，你们仍长大成为我们引以为傲的孩子。

关于作者

艾伦·范恩（Alan Fine）是 InsideOut 发展
公司的创始人兼总裁。InsideOut 发展公司是一
家具有创新精神并高速发展的专业服务公司，
提供培训、高管教练和组织咨询服务。除了是
一位非常受欢迎的培训师和演说家之外，艾伦
最近 25 年一直作为心理表现 / 专注方面的教练
来训练顶尖的职业高尔夫选手、网球运动员、
音乐家和企业高管。

艾伦是业界公认的现代高管教练领域的大
师。25 年前，他帮助发展了教练领域奠基的表现模型，即被广为认可
的 GROW 模型。GROW 模型是全球范围内被高管教练和组织设计专家
广为应用的黄金定律。InsideOut 发展公司不仅创建了这个模型，而且把
这个模型的思维方式和相关实操性工具带给了更多的学员。

另外，通过在各种运动领域的顶尖运动中运用这一模型，InsideOut
发展公司的教练及提升突破表现的方法已经在过去 20 年被全球知名的
公司所运用，比如百胜、新百伦、通用电气、IBM、宝洁、沃尔格林等。

通过在体育领域为大卫·费尔提、科林·蒙哥马利、菲尔·普莱
斯、斯蒂芬·阿莫斯及很多其他莱德杯高尔夫球赛和 PGA 冠军当教练，
艾伦开始对教练科学产生兴趣。在这个方面，他曾是《高尔夫国际杂志》
（*The Golf International Magazine*）的高产专栏作家，而且出版过两本书
Inside Out Golf 和 *Play to Win Golf*（与大卫·费尔提合著）。除了为很多

世界 500 强企业的高管做教练之外，艾伦也是一位很受欢迎的演说家和思想领袖。

想了解更多关于艾伦的信息，请登录 www.alan-fine.com/Alan。

丽贝卡·梅里尔（Rebecca R. Merrill）和史蒂芬·柯维博士（Dr.Stephen R. ovey）以及罗杰·梅里尔（Roger Merrill）一起合著了《纽约时报》畅销书《要事第一》（*First Things First*），和罗杰·梅里尔（Roger Merrill）合著了 *Life Matters and Connections*。她还协助史蒂芬·柯维博士出版了《高效能人士的七个习惯》和《高效能家庭的七个习惯》。此外，她还协助史蒂芬·柯维博士的儿子出版了《信任的速度》。

GROW 模型的历史

　　25 年前，艾伦·范恩和格雷厄姆·亚历山大（Graham Alexander）以及约翰·惠特摩（John Whitemore）一起发展了 GROW 模型。基本的 GROW 模型来自于一个决策四阶段的模型英文缩写，而且这个模型被全球的高管教练公认为是进行教练对话的黄金定律。

　　在过去 20 多年的时间里，艾伦和他的公司（InsideOut 发展公司）一直在发展并扩展他们的内容，不但丰富了模型的内涵而且在原有模型的基础上衍生出了更多工具。因此，InsideOut 发展公司的模型已经不同于市面上的其他模型，比如独一无二地使用"Way Forward"作为 GROW 模型的第四步。

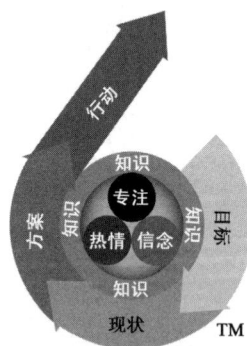

　　这种衍生后的 GROW 模型已经被整合应用于 InsideOut 发展公司的各种产品和服务中，比如培训服务、应用工具、工作协作和其他原创内容中。对原有模型所进行的丰富和衍生的内容不是由 GROW 模型的原来合作者完成的，而是 InsideOut 发展公司独家享有的知识产权。

　　想了解关于 GROW 模型的更多信息，请登录 www.alan-fine.com/grow。

关于 InsideOut 发展公司

InsideOut 发展公司是一家专业服务机构，为大型全球客户提供领导力、企业管理和一些员工培训服务，高管教练服务，团队绩效工作坊以及组织咨询服务。InsideOut 发展公司被公认为是发展"经理即教练"技巧领域的领导者，每年都有成千上万的学员把由艾伦·范恩和 InsideOut 研发团队开发的 GROW 模型和其他创新型教练工具应用于生活和工作中。

InsideOut 发展公司也提供讲师认证服务，而且已经有几千名认证讲师认证了相关课程。InsideOut 发展公司的产品和服务已经被上千家商业和行业灯塔企业所使用，包括很多世界 500 强企业，比如西屋、法国索迪斯、甲骨文、卡夫和 NASA。

InsideOut 发展公司的产品和服务可以帮助组织获得以下几个方面的突破型提升：

- ✔ 在战略方向上统一高管团队，并且在组织中实现系统和架构的协同。
- ✔ 为高管和经理提供释放团队绩效的工具。
- ✔ 提升员工在各个方面的绩效表现，比如客户服务、销售效能、项目管理、产品研发等方面。
- ✔ 在组织中增加授权、提升参与度、增加责任心和营造信任。

想了解更多关于 InsideOut 发展公司的信息，请登录 www.insideoutdev.com/aboutiod。

参考文献

Chapter 1: A Blinding Glimpse of the Obvious

1. Jeffrey Pfeffer and Robert I. Sutton, *The Knowing-Doing Gap: How Smart Companies Turn Knowledge into Action* (Boston: Harvard Business Publishing, 2000), 1.
2. Ibid., 25. See also Sidney Finkelstein, *Why Smart Executives Fail;* Larry Bossidy and Ram Charan, *Execution;* and Ken Blanchard, Paul Meyer, and Dick Ruhe, *Know Can Do!*
3. This formula is an adaptation of Tim Gallwey's reference to "Performance equals Potential minus Interference" or "P = P − I."

Chapter 2: The Nature of Performance

1. Curt Coffman and Gabriel Gonzalez-Molina, *Follow This Path: How the World's Greatest Organizations Drive Human Potential* (New York: Warner Books, 2002), 129.
2. Gordon MacKenzie, *Orbiting the Giant Hairball* (New York: Viking, 1998), 19–20.
3. "On Giants' Shoulders; Millennium Edition," Times Educational Supplement, December 31, 1999, http://www.summerhillschool.co.uk/pages/school_policies.html.
4. A. S. Neill, *Summerhill School: A New View of Childhood,* rev. ed. (New York: St. Martin's Griffin, 1995), 9.
5. "Report of an Inquiry Into Summerhill School—Leiston, Suffolk, January 2000 (Part One)," http://paed.com/summerhill/summ/sml.htm.
6. Biographical information on former Summerhill students is from "Report of an Inquiry into Summerhill School; Leiston, Suffolk; January 2000 (Part One)," http:// paed.com/summerhill/summ/sml.htm.
7. Carol Dweck, "The Effort Effect," *Stanford,* March/April 2007, http://www.stanfordalumni.org/news/magazine/2007/marapr/features/dweck.html.
8. John P. Kotter and Dan S. Cohen, *The Heart of Change* (Boston: Harvard Business School Press, 2002), 2.
9. Rick Reilly, "Strongest Dad in the World," *Sports Illustrated,* June 20, 2005.

10. Ibid.

11. "The Execution Quotient: A Measure of What Matters" (white paper, FranklinCovey, 2004), 3.

12. Larry Bossidy and Ram Charan, *Execution: The Discipline of Getting Things Done* (New York: Crown Business, 2002), 69.

Chapter 3: Getting Rid of Interference

1. Kathleen D. Ryan and Daniel K. Oestreich, *Driving Fear Out of the Workplace: Creating the High-Trust, High-Performance Organization* (San Francisco: Jossey-Bass, 1998), 3–4.

2. Rosamund Stone Zander and Benjamin Zander, *The Art of Possibility: Transforming Professional and Personal Life* (Penguin, 2002), 29–30.

3. Mihaly Csikszentmihalyi, *Creativity: Flow and the Psychology of Discovery and Invention* (New York: HarperCollins, 1996), 110.

4. Csikszentmihalyi, *Flow: The Psychology of Optimal Experience* (New York: HarperCollins, New York, 1991), 53–54.

5. Csikszentmihalyi, *Finding Flow* (New York: Basic Books, 1997), 31.

Chapter 4: Creating Focus Through "GROW"

1. Velocity: "The speed and direction of motion of a moving body," *The American Heritage Science Dictionary* (Boston: Houghton Mifflin, 2005).

2. Adapted from ProjectSmart.co.uk.

Chapter 5: Coaching for Breakthrough

1. Marshall Goldsmith, "Helping Successful People Get Even Better," *Business Strategy Review* (Spring 2003).

2. Transcribed from NBC telecast of the Tournament Players Championship, March 26, 2006.

3. Ibid.

4. *Coaching Conundrum 2: The Heart of Coaching*, http://www.blessingwhite. com/content/reports/coachingconundrum2.pdf, 4, 9.

5. Denise Wright, "Global Trends in Coaching," *humanCapital*, April–May 2006, 83.

6. *Coaching Conundrum 2: The Heart of Coaching*, http://www.blessingwhite. com/content/reports/coachingconundrum2.pdf, 8.

7. Marcus Buckingham, *First Break All The Rules* (New York: Simon & Schuster, 1999), 28.

8. Ibid., 31–32.

9. William Oncken and Donald L. Wass, "Who's Got the Monkey?," *Harvard*

Business Review, Nov.–Dec. 1974, 75–80.

10. Jeffrey Schwartz and David Rock, "The Neuroscience of Leadership," *strategy+business* webinar, November 2, 2006, http://www.strategy-business. com/webinars/webinar/webinar-neuro_lead.

11. Schwartz and Rock, "The Neuroscience of Leadership," *strategy+business*, Summer 2006, http://www.strategy-business.com/press/article/06207.

12. Schwartz and Rock, "The Neuroscience of Leadership," *strategy+business* webinar, 2006.

13. Schwartz and Rock, "The Neuroscience of Leadership," *strategy+business* Summer 2006.

14. Barbara Pease and Allan Pease, *The Definitive Book of Body Language* (New York: Bantam, 2004), 9.

Chapter 6: Coaching for Engagement

1. Stephen R. Covey, *The 7 Habits of Highly Effective People* (New York: Simon & Schuster, 1989), 241.

Chapter 7: Inside-out in Teams and Organizations

1. Eric Hausman, "Louis Gerstner, Chairman & CEO, IBM, ChannelWeb, http://www.crn.com/it-channel/18827440.

2. Polly LaBarre, "Marcus Buckingham Thinks Your Boss Has an Attitude Problem," *Fast Company*, July 2001, http://www.fastcompany.com/ magazine/49/buckingham.html.

3. "Only One in Three Employees Engaged" (press release, BlessingWhite, April 24, 2008), http://www.blessingwhite.com/docDescription.asp?id= 229&pid=6&sid=1.

4. "Towers Perrin Study Finds Significant 'Engagement Gap' Among Global Workforce" (press release, Towers Perrin, October 22, 2007), http://www. towersperrin.com/tp/showdctmdoc.jsp?url=HR_Services/United_States/ Press_Releases/2007/20071022/2007_10_22.htm&country=global.

领导变革之父约翰 P. 科特
经典之作

约翰 P. 科特
领导变革之父，全球一致公认的领导和变革权威，哈佛大学教授
20世纪对世界经济发展最具影响力的50位大师之一，《纽约时报》畅销作者

科特教授自1972年开始任教于哈佛商学院。1980年，他在33岁的时候，被授予哈佛终身教职，是有史以来在哈佛商学院获此殊荣的最年轻的一位，因撰写最佳《哈佛商业评论》文章而两次获麦肯锡奖。科特还是一名实践者，曾任雅芳、花旗、可口可乐、通用电气、美林、雀巢、飞利浦、普华永道等国际知名公司的顾问。

《认同：赢取支持的艺术》

怎样让你的好主意赢得支持并达到预期效果？赢取认同的关键，不在回击反对者，而是保持尊重并坚持己见，争取更多中立的人。

《变革之心》

以变革的8个步骤为主线，精选34个案例，向人们展示了成功变革的模式。

《领导变革》

被《时代》杂志评选为最具影响力的25本管理图书之一。

《权力与影响力》

应当如何运用自己的现有权力与影响力来得到别人的帮助以顺利地完成工作。本书充满了创新性的思想和专家建议，对组织运作进行了精辟分析。

《变革加速器》

帮助企业建立"双元驱动体系"，即把企业原来层级体系和更灵活的网络结构结合起来，构建灵活的战略以适应快速变化的世界。荣获麦肯锡商业/管理领域世界最实用与最具突破性思想奖。

《总经理》

专门研究总经理这一特殊职位的专门著作，对于指导人们担当总经理这一职位，取得事业的成功，以及甄选、培养、安置这方面的人才，都具有实践和学术的价值。

管理人不可不读的经典

"华章经典·管理"丛书

书名	作者	作者身份
科学管理原理	弗雷德里克·泰勒 Frederick Winslow Taylor	科学管理之父
马斯洛论管理	亚伯拉罕·马斯洛 Abraham H.Maslow	人本主义心理学之父
决策是如何产生的	詹姆斯 G.马奇 James G. March	组织决策研究领域最有贡献的学者
战略管理	H.伊戈尔·安索夫 H. Igor Ansoff	战略管理奠基人
组织与管理	切斯特·巴纳德 Chester Lbarnard	系统组织理论创始人
戴明的新经济观 (原书第2版)	W. 爱德华·戴明 W. Edwards Deming	质量管理之父
彼得原理	劳伦斯·彼得 Laurence J.Peter	现代层级组织学的奠基人
工业管理与一般管理	亨利·法约尔 Henri Fayol	现代经营管理之父
Z理论	威廉 大内 William G. Ouchi	Z理论创始人
转危为安	W.爱德华·戴明 William Edwards Deming	质量管理之父
管理行为	赫伯特 A. 西蒙 Herbert A.Simon	诺贝尔经济学奖得主
经理人员的职能	切斯特 I.巴纳德 Chester I.Barnard	系统组织理论创始人
组织	詹姆斯·马奇 James G. March	组织决策研究领域最有贡献的学者
论领导力	詹姆斯·马奇 James G. March	组织决策研究领域最有贡献的学者
福列特论管理	玛丽·帕克·福列特 Mary Parker Follett	管理理论之母